全球胜任力

面向未来的青少年核心素养

胡敏◎著

人民东方出版传媒
東方出版社

图书在版编目（CIP）数据

全球胜任力 / 胡敏 著 . —北京：东方出版社，2019.4
ISBN 978-7-5207-0869-2

Ⅰ . ①全… Ⅱ . ①胡… Ⅲ . ①高等教育—文集
Ⅳ . ① G64-53

中国版本图书馆 CIP 数据核字（2019）第 043394 号

全球胜任力
（QUANQIU SHENGRENLI）

作　　者：胡　敏
责任编辑：闫　妮
出　　版：东方出版社
发　　行：人民东方出版传媒有限公司
地　　址：北京市东城区东四十条 113 号
邮　　编：100007
印　　刷：北京联兴盛业印刷股份有限公司
版　　次：2019 年 4 月第 1 版
印　　次：2019 年 5 月第 2 次印刷
开　　本：880 毫米 ×1230 毫米　1/32
印　　张：7.25
字　　数：103 千字
书　　号：ISBN 978-7-5207-0869-2
定　　价：48.00 元
发行电话：（010）85924663　85924644　85924641

序

21 世纪，科技进步开启了真正的全球化，身处地球不同角落的人们可以通过互联网随时联系、沟通和联结。这是一个人类历史上从未有过的时刻。生活在这个时代的青少年，具备全球胜任力是他们应对生活、学习和工作的必需能力。

全球胜任力是 21 世纪人才核心素养的重要指标，是参与全球竞争与合作的能力。2018 年，由经济合作与发展组织（Organisation for Economic Co-operation and Development，OECD）发起的国际学生评估项目（Programme for International Student Assessment，PISA）首次将全球胜任力

纳入考核。

这是全球胜任力第一次出现在大型国际测评项目中。其实早在此前，已有美国、瑞典、挪威、芬兰、加拿大等国家，在教育体系中纳入与全球胜任力相关的内容。我国教育界的有识之士们也早已意识到全球胜任力的重要性，进行了积极研究与实践，清华大学已将“全球胜任力”作为人才培养的核心目标之一，融入学校的教育体系。

如何在教学中融入全球胜任力？剑桥大学出版社提供了一种思路——《剑桥人生胜任力框架》（*The Cambridge Framework for Life Competencies*）。该框架总结了六大核心素养和三大支撑体系，并将这些内容细化为具体指标，以指导教师的教学和评估。根据这一思路编写的教材《剑桥全球英语》（*Cambridge Global English*），知识层面涉及各国历史、地理、人文和风土人情，技能层面设计了大量需要学生思考、论证、调查研究的项目，旨在培养具有全球视野、批判性思维、独立人格的全球公民。目前，这套教材由优加青少英语独家引进，可以说，其最经典的全球胜任力模块教学将在中国青少年中实现真正的落地。

父母是孩子的第一任老师，且是最有影响力的老师。如何在家庭中成为孩子的第一任“全球胜任力导师”，培养出拥有全球视野、心态开放包容、具备独立思考能力的孩子，正在成为新时代父母的课题。

面对不确定的未来，如何将自己打造成善于创新思考，有勇气探索未知，有能力走向世界，敢于主动行动，为创造光辉灿烂的人类文明做出自己贡献的全球公民，是每一个青少年需要直面的问题。

如何培养具有全球胜任力的中国青少年，也是我这些年来持续学习的最大动力。这本书，是我对这个问题的思考和回答。

2018 年 10 月 28 日，“PISA 之父”、经济合作与发展组织教育与技能司司长安德烈亚斯·施莱歇尔先生（Andreas Schleicher）到访新航道集团总部。我们畅谈在全球化 3.0 时代，如何培养具有全球胜任力的青少年，达成诸多共识，这使我更有信心，将自己的思考与大家分享，期待引发更广泛的讨论和生动的实践。

书中的部分文章在 2018 年曾先后发表于《中国

教育报》《青年文摘》和一些重要的学术论坛，得到许多专家学者、中小学校长、老师和家长们的积极反馈与鼓励，在此对所有给予我帮助的你们致以诚挚的谢意。

特别感谢北京师范大学国际与比较教育研究院的老师们给予的学术支持！刘宝存院长、高益民副院长、谷贤林教授、杨明全教授和滕珺副教授，先后应邀出席“向日葵国际教育高峰论坛”。尤其是滕珺副教授，是她第一次将全球胜任力这个概念带到新航道，并且对我们在实践中遇到的问题总是给以热情洋溢的及时指导。感谢《比较教育研究》编辑部张瑞芳博士，她跟我们一起研讨中国家长关注的国际教育问题，提出了很多有益的建议。

在本书的写作与出版过程中，要感谢《中国教育报·家庭教育周刊》主编杨咏梅女士，是她不厌其烦地阅读、修改并发表我的文章，让更多教育者和家长读者们认识全球胜任力。感谢新航道公关媒体部总监李纯女士，帮助我更好地了解和理解新时代青少年对世界的理解以及他们的话语体系；感谢新航道全球胜任力研究中心执行主任赵学敏女士，和中心的所有小伙伴们，我们一起紧张学习和研讨的每一刻都值得珍视。最后，要感谢本书策划姚恋女士、责任编辑闫妮女士，是你们的辛勤劳动使本书得以尽早面世。

胡敏

2019 年 3 月 3 日

立体阅读服务指南

新航道全球胜任力研究中心提供立体阅读服务体验，助您读懂、读透这本书。

大咖说

“PISA之父”安德烈亚斯·施莱歇尔高清演讲《教育孩子，不为过去，而为将来》

十大主题文章，全方位解析如何培养孩子的全球胜任力

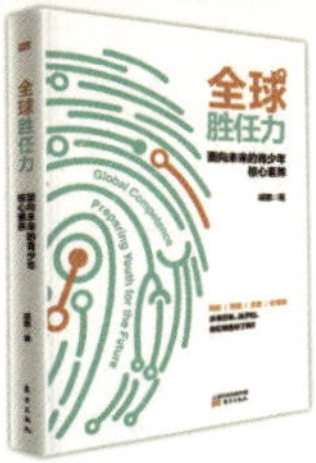

读书会

线上线下，亲子共读共听共成长

洞见

必读

胡敏教授推荐书单《青少年必读英文读物100本》

获取方式

关注“向日葵国际教育”
回复“**全球胜任力**”获取立体阅读服务

详情咨询：向日葵管家（微信号：xhdjtjy）
邮　　箱：nc-jtjy@xhd.cn

向日葵国际教育——培养具有全球胜任力的中国青少年

目录 | CONTENTS

全球胜任力是什么?

刚听到全球胜任力这个概念的时候，我们一定很陌生，让我们先来看看现在我们熟悉的世界，人工智能的世界：一架轻盈的无人机，将外卖和电影票，送到你的手中；课后的玩伴，是一个脑洞大开、数据量存储丰富还善解人意的机器人；驾照，再也不用辛辛苦苦地考了，无人驾驶汽车的出现，让出行变得简单；火情猛烈难以靠近，别急，消防机器人冲锋陷阵……这一切还是梦吗?

这些年来，在学习、生活、工作的方方面面，我们不断感受到全球化和科技进步带来的冲击。“中国制造 2025”，无论是从时间或空间，都距我们不再遥远。那么，能否适应人工智能的发展，将自己打造成善于创新思考，在各类新式“任务”面前游刃有余的人，是年轻的你需要直面的问题。

我先谈两个方面的问题，通过这两个方面，你一定会明白，全球胜任力在现在的世界是个什么样的存在。

当下与未来的挑战

首先，摆在我们面前的第一个问题：未来的挑战是什么？你们对此，是否有清晰的认知？“未来的挑战”，既包括全球化带来的挑战，也包括人工智能发展带来的变化。如果说传统的古典全球化，从2000年前的丝绸之路到500年前的大航海运动，是通过贸易让世界各地的人身体相遇，那么今天以互联网连接起来的“地球村”，则让人们处处相遇；“一带一路”的伟大倡议，更将全球化概念推进到3.0，其动力是互联互通，其法则是包容天下，天涯若比邻的全球化时代已经到来。

在这样一个时代，我们看到，优秀的学校在全球招生，优秀的企业在全球揽聘人才；反过来可以说：我们的学习跨越了国界，国际化人才的成长之路向更多人开放，更多个体拥有机会进行全球化学习、工作，与遥远空间的人交往、合作；当然，竞争也变得不再局限于一时一地。

另一层面，如果说全球化是当下的时代特征，那么人工智能则是开启未来的钥匙——这个起源于计算机科学的分支，正加速走进我们的日常生活。据媒体报道，它入选了“2017年度中国媒体十大流行语”。

人工智能研究的一个主要目标，是使机器能够胜任那些通常需要人类智能才能完成的复杂工作，这就意味着，它在很近的未来就会“威胁”到人类的工作。影响有多大？根据公开报道，在未来的10—20年，随着机器学习快速发展，人工智能会在各个领域大面积使用，许多重复性劳作、简单的脑力和体力劳动，未来交给人工智能去做的可能性很大。

将来孩子们的竞争对手，可能不是同年级前50名，不是隔壁学校的优等生，不是职场上的甲乙丙丁，而是一个铜头铁臂的机器人，通过云存储、云计算，它就可以轻而易举地解决人类望洋兴叹的问题。

这幕场景，是令人细思恐极，还是喜大普奔？

教育方式的根本变革

纵观世界，我们享受着科技引领的全球化和技术进步带来便利的同时，也面临着许多颠覆性的挑战，这些挑战，我们需要共同应对，从“60后”“70后”到“95后”“00后”，概莫能外。

举个例子，无论你是一个教育工作者或终身学习者，你的教育方式或学习方式，都要面临根本性的变革。如果还停留在以应试背诵型的方式为主，即使再努力，也比不过真机器。教育的目标、内容与评估方式，正在世界范围内发生改变。

一　全球胜任力是一种必要能力

我们现在来谈谈全球胜任力吧，我要说明的是，全球胜任力并不是一个很新鲜的概念。1988年，美国国际教育交流协会将全球胜任力应用于高等教育领域，意在帮助学生增加与世界的联系，理解世界的变化，并能有效参与全球劳动力市场竞争。2000年后，经济全球化和跨文化冲突带来的挑战使美国人深刻地认识到，必须让每一个学生了解来自不同国家、不同文化的人的想法，学会与不同语言、不同习俗甚至不同政治与社会价值观的人进行有效合作。至此，“全球胜任力”概念开始向基础教育延伸。从这个意义上来说，全球胜任力这个概念主要是在教育领域不断发展。

2017年12月12日，经济合作与发展组织（OECD）在美国哈佛大学正式发布《PISA全球胜任力框架》，对全球胜任力给出官方定义：全球胜任力是指对地区、全球和跨文化议题的分析能力，对他人的看法和价值观理解并欣赏的能力，与不同文化背景的人进行开放、得体和有效的互动的能力，以及为集体福祉和可持续发展采取行动的能力。

进入21世纪，世界多个国家及主要国际组织均提出或实施了适应21世纪知识社会的人才培养框架，全球胜任力成为21世纪人才核心素养的一个重要指标。目前，已有美国、瑞典、挪威、芬兰、加拿大、新加坡等国家，在教育体系中纳入与全球胜任力相关的教育内容。

与此同时，随着中国国际地位的提升，也对未来人才素质提出了更高的要求。教育部颁布的《国家中长期教育改革和发展规划纲要（2010—2020年）》中提出：“适应国家经济社会对外开放的要求，培养大批具有国际视野、通晓国际规则、能够参与国际事务和国际竞争的国际化人才。”正式将全球胜任力纳入人才培养体系。未来，中国要在全球治理中发挥更重要的作用，体现更多大国责任和担当，必须培养具有全球胜任力的青少年。

可能单说概念大家不能很直观地理解，那么我用一个例子来说说，什么叫全球胜任力？我与大家分享一位身边的具备全球胜任力的青年的故事。在我们新航道学校有这样一位女同学，自幼热衷公益与环保事务，高中时参加了环保社团，为学校建立了三个废旧电池回收处，孜孜不倦地做了大量分类垃圾知识宣传。今年，她报考了全美排名前10的杜克大学数据分析专业的研究生，并被录取。她跟我们说：“信息爆炸的时代，人们的一言一行都会产生数据，这就给大数据应用到环保提供了可能。”她希望通过学到的知识，助力中国乃至世界环保事业的发展，大到利用数据进行污染溯源、风险评估，小到一次性餐盒的使用、环保出行等方方面面。

在她身上，我看到全球胜任力从知识到技能、从态度到价值观的每一个维度如何萌芽、生长，帮助她参与到全球化和跨文化的生活，欣赏文化的多样性。改变，在她和她周围的人身上发生，从内心到行动。

二　全球胜任力的四物汤

21 世纪的青少年生活在一个互相链接、相互依赖的世界中，具备全球胜任力是他们应对生活和工作的必需能力。那么如何才能培养出具有以上特质的青少年?

培养青少年的全球胜任力是一项系统工程，这让我想到了中医养生的“四物汤”，四种药材综合协调发挥作用。面对不确定的未来、需要具备多元文化理解能力的青少年，需要视天下为己任，需要有勇气探索未知、有能力走向世界，像一个全球公民那样主动行动，为创造光辉灿烂的人类文明做出自己的贡献。作为人才培养的主场，今天的学校不妨熬一碗全球胜任力“四物汤”，思考如何回应时代的召唤，升级愿景、使命与文化，在课程中融入全球胜任力，打造全球化课堂，帮助学生为未来做好准备。

全球胜任力应进入办学愿景

一所学校的愿景，是师生心中的远大理想和追求。培养美德与智慧兼具的人才，是古今中外好学校的共同愿景。比如成立于 1701 年的耶鲁大学，创立之初的使命就是为国家和世界培养领袖，迄今培养了 5 位美国总统、530 名美国国会议员和很多一流大学的校长。当前的全球化 3.0 时代，是一个东西互鉴、互联互通的时代，“中国梦”与“世界梦”相通，中国走向世界，世界也在走向中国。

截止到今天，几乎所有具有战略眼光的学校都将“全球胜任力”这一概念提了出来，围绕提升学生的全球胜任力，清华大学将国际化培养环节融入本科生

全球胜任力“四物汤”：全球胜任力应进入办学愿景，所有课程都可以实现“全球化”，倡导评价过程导向的评价体系，积极调动全球胜任力培养的社会资源

和研究生的培养过程。同时，促进中外学生的交流与融合，形成了多元文化兼收并蓄、中外师生共同发展的国际化校园。

读万卷书，行万里路，通过各类海外人才培养项目，清华大学学生的足迹遍布世界各地。其中，既有国际合作的学位项目，也有联合培养及学期交换项目，还有海外交流和实习实践等。学校鼓励学生走向世界，也将世界带进校园。清华大学有来自120多个国家的2600多名国际学生，近千名来自海外的学期交换生和专业进修生。校园内还有丰富多彩的国际化培养资源，例如全球视角下的通识课程和语言课程、国际化专业课程、全英文学位项目，以及数不清的名师讲座、国际论坛、跨文化交流活动等。只要你愿意敞开胸怀，提升全球胜任力的资源就在你身边！

在这个融合的时代，全世界的教育工作者都在思考，如何帮助年轻一代为全球化、跨文化的未来做好准备。将全球胜任力写进学校的愿景和使命中，衍生出富有创造力的全球胜任力文化，以生动的方式在课堂教学、课外活动和环境布置中培养学生的全球胜任力意识，并且帮助他们付诸行动、获得能力，已经成为越来越多学校回应时代号召的现实。

清华附中的王殿军校长曾发问："没有国际化的教育，不可能培养出国际化的人才。保守封闭的传统教育怎么可能培养出来开放的、面向未来、面向世界的国际化人才，怎么能培养出国际视野？"

人大附中的翟小宁校长曾在演讲中说："我们培养的学生一定是有面向未来的技能、能够与时俱进的，要培养具有社会责任感和大爱精神、德才兼备的未来公民，培养具有世界眼光的中国脊梁，培养人文和科技相交融的跨界创新型的全球化人才。"

所有课程都可以实现"全球化"

在美国伊利诺伊州的一个中学课堂上，数学教师瑞秋·弗如茵用一则药价突然飙升的新闻引发"数学知识讨论"。瑞秋先展示过去一段时间一种治疗哮喘的药价格上涨的曲线，当学生预测今日的价格后，她展示了暴涨后的当日价格，然后组织学生开展讨论。瑞秋说学生们非常喜欢解决这些跟真实世界相关的数学问题，在这个真实事件中，他们接触到的是有关社会公平的数学问题。

这个案例生动地说明，提升全球胜任力，并不意味着学校要开设一门叫作“全球胜任力”的课程，而是将这个目标放入所有课程，让现有课程实现“全球化”。各种科学类课程都可以像数学一样，从解决现实问题和历史探究等方面培养学生的全球意识和能力。

社会与人文学科，本身就需要理解人性、发展同理心，天然适合开展全球胜任力的学习。以文学为例，阅读可以帮助学生加深对自我的认知，学习其他国家的生活、传统、冲突和历史，从同龄人的经历中感受到身份认同感……这些都可以帮助学生理解欣赏别人的观点，思考别人正在经历的事件具有的普遍性和全球性。

外语学习也为学生提供了观察和思考世界的不同视角。培养全球胜任力，英语学习必须先行，“培养具有全球胜任力的中国青少年”，是英语学习的使命和优势。英语为孩子打开丰富多彩的世界，话题涉及气候变暖、人口增长、国际冲突等全球化问题。用英语讨论当前人类面临的重大问题，在提高语言能力的同时，也练习了批判性思维、建构和解决问题的能力、跨文化理解能力等。

其实，任何一门学科的教师都可以通过扩展正在教的内容来提升全球胜任力，也可以利用涉及各学科领域的经济发展、气候变化影响等交叉议题，通过跨学科整合形成专题课程，使学习包含全球视野和解决全球问题，浸润全球胜任力。

倡导强调过程导向的评价体系

全球胜任力不仅是知识和技能，更包括态度和价值观，对其评估不能止于知识的标准化考试，还应包括认知层面。由经合组织主导的国际学生评估项目（简称 PISA）2018 年的全球胜任力测试就包括认知测试和问卷调查两部分。这种评价原则与方法同样适用于学校。

对全球胜任力的评估要强调过程导向，不提倡结果导向。经合组织提出："获得全球胜任力是持续一生的过程，不存在个体完全具备全球胜任力的某一时刻。"在过程导向的形成性评价中，学生不会因为一次性表现被打上标签，而是在不断探索、寻找答案的过程中提升认知能力，培养全球胜任力。

形成性评价的特点是以终为始、目标引领。如果将全球胜任力目标放入现有课程，教师在设计课程时就要思考学生会在全球胜任力的哪些维度上取得怎样的收获，将这些收获细化成具体指标，就变成了评价标准。最理想的情况是每项指标都能清楚表述，并且一开始就让学生知道，帮助他们随时检查学习或活动是否吻合标准，发现偏离就及时校正。

这样的评价方式有助于教师提升教学质量。毕竟，将全球胜任力的培养融入教学是新任务，即使教师做了充分的准备，仍然可能发现学生完全不能领悟活动设计与知识目标的关系，或者背离教学设计，或者知识与技能出现差距……这些问题能帮助教师反思预先设定的评价指标是否合理，从而不断修正、优化教学方案。

调动全球胜任力培养的社会资源

在培养青少年的全球胜任力上，学校可以大有作为，家庭、社区、企业乃至更宽广的领域里也蕴含着丰富的资源，应该鼓励家长和社会共同参与其中。

教师要意识到学生家庭里越来越多的全球化因素，要与家长就全球胜任力的培养目标达成共识，引导家长有意识地将世界带进家庭，与孩子一起发现具有全球意味的事物，一起讨论其中蕴含的世界经济、地理、社会、道德等问题。

大学、博物馆、文化中心、企业甚至便利店都有丰富的全球胜任力资源，都可以成为全球胜任力培养的延伸课堂和大环境。尤其是具有国际视野的企业，对培养国际化人才非常敏感并且乐于提供帮助，比如提供参与具有国际意义项目的实习机会。很多学校开展的国际交换生、国际姐妹学校等项目，通过在线互动、线下课程，身临其境地感受跨文化理解，必将大大提高师生的全球胜任力意识和能力。

除了课堂学习，国际研学也是重要途径。2016年教育部等11部门印发《关于推进中小学生研学旅行的意见》，研学旅行正式纳入中小学教育教学计划。读万卷书，行万里路，通过研学路上的潜移默化，孩子对世界运行方式的关注自动开启。

丰富的课外活动也是培养全球胜任力的重要阵

地。比如在中学生中影响很大的“模拟联合国”这个仿真学术模拟的舞台上，学生们心怀天下、放眼未来，化身科学家、外交家、政治家，共商天下事。在这个过程中，批判思维、公开演讲、求同存异、团结协作以及独立研究能力得到培养，公民意识和社会责任感得到启迪，领导力与创造力得到锻炼，可以说与全球胜任力的四个维度实现了无缝衔接。

全球胜任力的能力要求

从当前到未来，中国教育面临哪些机遇和挑战？国家教育咨询委员会秘书长、教育部教育发展研究中心原主任张力教授在 2018 年的“向日葵国际教育高峰论坛”上说：“教育正在进入‘能者为（老）师、愿者为（学）生’的‘战国时代’；老师（teacher）和学生（student）的关系，也将向泛化的师者（tutor）和学习者（learner）转变。”纵观世界各国，没有现成的教育现代化模板可供我们复制，中国教育现代化就是锁定在本国现代化，国家现代化目标已把教育现代化融入整个进程当中。考虑到教育周期长，教育现代化应比国家现代化超前部署实施，需要注意借鉴他国经验，这对实现中华民族伟大复兴的中国梦，具有重要战略意义。

我们都知道全球胜任力的重要性，那么全球胜任力具体需要哪些能力呢？

一　全球胜任力需要哪些能力？

全球胜任力是21世纪人才核心素养的重要指标，是参与全球竞争与合作的能力。目前，已有美国、瑞典、挪威、芬兰、加拿大等国家，在教育体系中纳入与全球胜任力相关的内容。

为了培养具有全球胜任力的中国青少年，我们构建了新航道全球胜任力模型。

整个模型是一座全球胜任力大厦，以中国根基（Chinese Culture）为基石，顶层是全球视野（Global Perspective），包括六大支柱：作为硬能力的人文科技素养（STREAM）与外语能力（Foreign Language Skills），以及作为软实力的国际人才核心素养4C。

要具备全球视野

根据教育部发布的数据，2017 年我国出国留学人数达到 60.84 万，来中国留学的人数达到 48.92 万。这么多人不远千里出国求学，就是为了获得国际经历、经验和体验，拓展自身知识能力中的全球化元素。

目前，经济全球化、文化多元化、社会高度信息化的特征日益明显，教育正面临日新月异的变革，传统的教学形式正面临强烈的挑战与冲击，甚至被学生“嫌弃”。纯知识性的内容，搜索即得，俯拾皆是。因此，教育必须面对未来，不能停留在过去，满足于固化的知识体系。

对人才的招揽也呈现全球化的态势。前一段时间我去美国参观谷歌及其视频公司 YouTube，其科技产品令人震撼。这些科技型公司之所以硕果累累，就因为他们聚天下英才而用之。谷歌现在的 CEO 就是个印度人。不同国籍、不同文化的人，都能在企业里大显身手，正是全球化的表现。

全球化浪潮分为三个时代。1.0时代是通过丝绸之路实现了东西互鉴；2.0时代则通过海洋文明形成了以西方特别是以美国为中心的世界格局；目前我们正步入全球化3.0时代，以“一带一路”为载体、以互联互通为动力、以包容天下为法则的全新时代。

“一带一路”是一个凝聚着东方智慧的伟大倡议，将中国与世界紧密地连接起来，将“中国梦”与“世界梦”完美地融合起来，彰显的是当代中国人以博大的胸襟、接纳的态度、包容的姿态逐渐主导全球化的进程。

在这样的时代背景下，每个人都应尽快在滚滚流淌、不舍昼夜的洪流中，寻觅到自己的位置与未来。因此，教育的视野里不可没有全球胜任力，家庭教育不可不涉及全球胜任力，父母有责任帮助孩子获得这种与世界连接的能力。

要具备人文科技素养和外语能力

当代中国青少年必须具备的硬能力，一个是人文

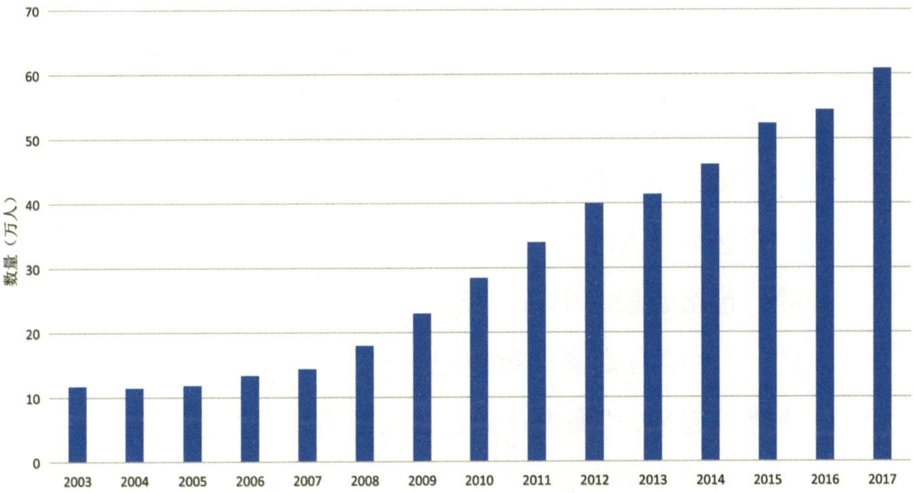

2003–2017 年中国出国留学人员数量

科技素养，另一个是外语能力。

人文科技素养可以用三个单词来概括。

第一个单词是STEM：S-science（科学）、T-technology（技术）、E-engineering（工程）、M-mathematics（数学）4个单词的首字母，组合起来就是纯粹的科技。科技是第一生产力，科技的重要性，不言而喻，举世公认。

第二个单词是STEAM。多了一个字母A，加了一个艺术（Art），意味着要增加艺术方面的人文素养，包括音乐、书法、绘画、舞蹈……美是超越国界的，“此中有真意，欲辩已忘言”；美将天涯海角的人连接起来，“海内存知己，天涯若比邻”。

第三个单词是STREAM，在STEAM中间加了一个“R”。R代表Reading and Writing（阅读和写作）。为什么要强调阅读和写作？因为现在大家都习惯于碎片化阅读，写作能力出现全球化下降。教育家朱永新曾说过，“一个人的精神发展史就是他的阅读史”，以阅读和写作能力为基石的人文素养，能让我们走得更远。

第二个硬实力就是外语能力。10年前我会把外

人文科技素养第一个单词 STEM：由 Science、Technology、Engineering、Mathematics 的首字母组成

语能力归于软实力。20世纪80年代，英语顶呱呱的人被视为“精英中的精英”，极有可能从千万人中脱颖而出，成为时代的弄潮儿、引领者。但对于身处全球化3.0时代的孩子来说，外语能力就不再是奢侈品，而是必需品了。

今天的青少年要想具有全球胜任力，想与不同文化背景的人进行开放、得体、有效的互动，就得具备超凡的外语能力，能直接阅读外文资料、善于通过第一手的外语资讯来分析处理地方、全球、跨文化的问题。

日本著名社会学家大前研一说：“如果你的外语能力，特别是你的英文能力非常强大，那么你在这个世界上，在全球化时代，你会比别人多拥有50%的机会。”具有全球胜任力的青少年是未来世纪的“超强战士”，他们能用外语来了解世界，用外语来把握世界，还会用外语去讲好中国故事、传播中国文化。

要具备4个C和中国根基

很多人可能没有注意到清华大学在2018年发布

人文科技素养第三个单词 STREAM：由 Science、Technology、Engineering、Mathematics 、Art、Reading&Writing 的首字母组成

的一则重要新闻，要求 2018 年秋季入学的新生，必须上一门必修课——写作与沟通。这说明清华大学敏锐地意识到了未来的大学生要具备的基本能力，即全球知名的 4 个 C。

第一个 C，Communication，沟通能力。在美国，所有的大学新生无一例外必须学“大学语文”（大学写作 / 公众演讲 / 修辞学）。美国大学要求新生每周阅读经典书籍，写读书报告，期末要当着全体老师和同学的面发表一场演讲，考查学生的演讲内容是否具有思想内涵，能否引起听众的思考、分析、质疑甚至探索的欲望，演讲的谋篇布局、遣词造句、体态语言是否引人入胜，语音语调是否抑扬顿挫……所有这些训练，都是为了培养学生在沟通表达方面的素养与能力。

沟通能力不止于说话、写文章，在什么时候、什么地方、与什么社会身份的人，就什么话题、用什么语言进行有效、得体的沟通，都属于沟通能力的范畴。

第二个 C，Critical Thinking，批判性思维，关键词是质疑与求证。不能人云亦云，随波逐流，

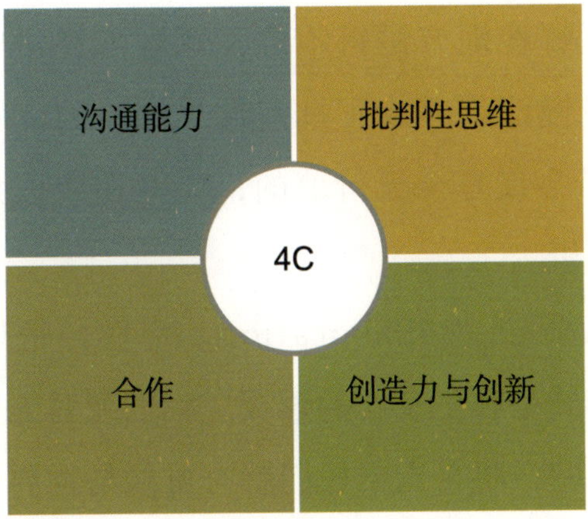

青少年应具备的基本能力：4C，即沟通能力、批判性思维、创造力与创新、合作

对于任何主张包括权威的主张，都要保持自己独立的见解，透过现象看本质。

从学生时代开始，我就有个特点，即使是不太喜欢的课程或报告，只要到了现场就认真听、做笔记，分析哪些地方讲得不好，琢磨怎样讲听众才喜欢听。慢慢地就养成了批判性思维。因此没有一堂课或一场会议是全无价值的，关键在于你如何去看待、去分析。

第三个 C，Collaboration，合作，是现在很多年轻人尤其是独生子女的短板。我们无时无刻不生活于人群之中，将来走出校门就有可能与世界各地的人打交道。不论对方是何种文化背景、有哪些风俗习惯，都应和衷共济、求同存异、通力协作。

第四个 C，Creativity and Innovation，创造力与创新。创新是社会发展的引擎，潮流浪尖的弄潮儿和各行各业的领先者，其肌体内一定深植着创新的基因。《周易》有云，“易之为书也不可远，为道也屡迁，变动不居，周流六虚，上下无常，刚柔相易，不可为典要，唯变所适”。身处变动不居的时代，唯一不变的是变化，只有不断创新，才能避免竞争者弯道超车、一骑绝尘的局面。

如果说人文科技素养和外语能力是左手，4 个 C 是右手，更重要的大脑就是一个人的全球意识。全球意识是指人们如何看待自己与世界的关系，以及如何感知自己作为世界公民的责任感的一种世界观。一个人具有全球意识，他会关心世界其他地区的人们，还会油然而生一种帮助他们改善生活的责任感，并全然不顾彼此间的远近和文化差异。具有全球意识的人关心未来的一代代人，并积极保护地球环境。

值得强调的是，全球胜任力离不开脚下的土壤与大地，孩子留学也好，出国也罢，都不能忘记曾经照耀过我们的明霞秀浦、日月星辰。有着强烈的民族身份认同、民族自尊心的人在国外才会受到尊重。请提醒孩子，任何时候都要记住自己是中国青年的一员，要以行动为祖国母亲增添荣耀。

《礼记》有云:“大道之行也，天下为公，选贤与能，讲信修睦。”全球胜任力不是数典忘祖、崇洋媚外，而是秉持自己的尊严与风骨，扎根于中国文化生发出的顶天立地的力量。这种力量将构建属于未来的大格局观，帮助孩子兼善天下，以山海般的胸襟和抱

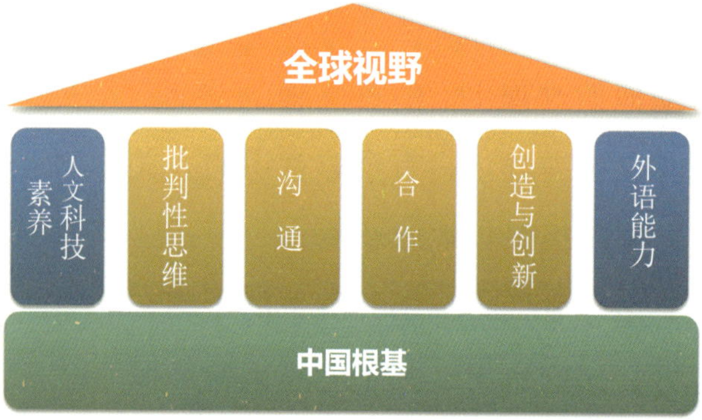
全球视野
人文科技素养
批判性思维
沟通
合作
创造与创新
外语能力
中国根基

新航道全球胜任力模型

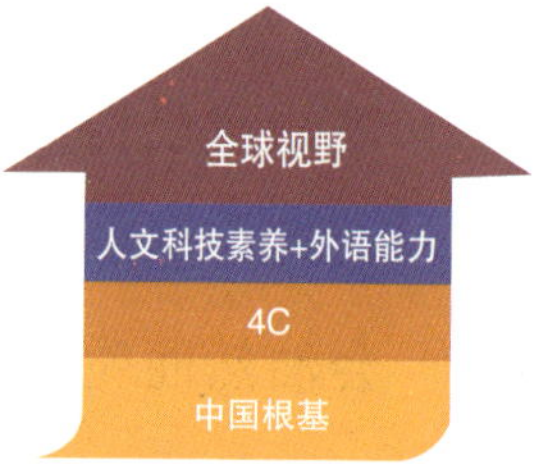
全球视野
人文科技素养+外语能力
4C
中国根基

负，为人类命运共同体做出贡献。

二　对青少年的能力评估

The future is already here. Are you globally competent？（未来已来，你是否已具备全球胜任力？）

目前，对全球胜任力的评估有不同的视角，这里重点介绍两种。

2018 年 PISA 测试

由经合组织主导的 PISA 项目在 2018 年增加了全球胜任力测试，内容包括知识、技能、态度、价值观四个维度。

知识是个体应对全球化和跨文化冲突带来的挑战与机遇所需要具备的知识和理解力。

技能是指为完成某一具体目标的能力，既表现在思维模式的复杂和条理上，也表现在行为上。

态度指的是个体面对他人或事物的心态。全球胜任力要求面对来自其他文化或国家的人要有一种开放的态度，对文化上的差异要有一种尊重态度和全球意识，以及对自己的行为有一种负责的态度。

价值观指的是个体对人生的奋斗目标所持的一种信念。在全球胜任力框架下，珍视人类尊严和文化多样性，被视为个体处理关于他人和世界的信息的关键“过滤器”。

根据经合组织发布的评估框架，2018 年的全球胜任力测试通过认知测试和调查问卷两种方式进行，包括知识、技能、态度三个维度，价值观因为其难以测量性，不在评估范围内。

· 认知测试：通过情景式问题，测试青少年关于解决全球和跨文化相关问题所需的背景知识和认知技能。

· 调查问卷：收集青少年的自我报告信息，内容包括他们关于全球议题与文化的意识、技能（包括认知技能和社会技能）和态度；收集来自学校和教师的关于培养学生全球胜任力活动的信息。

哈佛大学“零点项目”

2011 年，哈佛大学“零点项目”和美国亚洲协会联合发布了报告《为全球胜任力而教：使我们青年一代为参与世界而准备》，从以下四个方面评估学生的全球胜任力。

认识与探索世界。具有全球胜任力的孩子将地球视作一个系统，他们不但了解地球的自然景观和生态系统、人口分布，同时熟悉文化历史和经济因素，并尝试去掌握影响当今世界的关键因素和趋势。为了更好地实现这种认识和探索，需要通过学科和跨学科方法。学科学习要求学生将课堂所学作为知识和思维工具。整个人类社会就是在构造和不断修正这些知识和思维工具，才能不断加深对世界的认识、理解，进而加以解释、解决问题和发明创造。因此，学习一门学科不仅要知道基本概念，还要了解这些概念是如何通过专业方法创造出来的，以及如何应用它们。

具有全球胜任力的青少年会提出并探索具有全球意义的问题，在可以识别哪些是具有全球意义的问

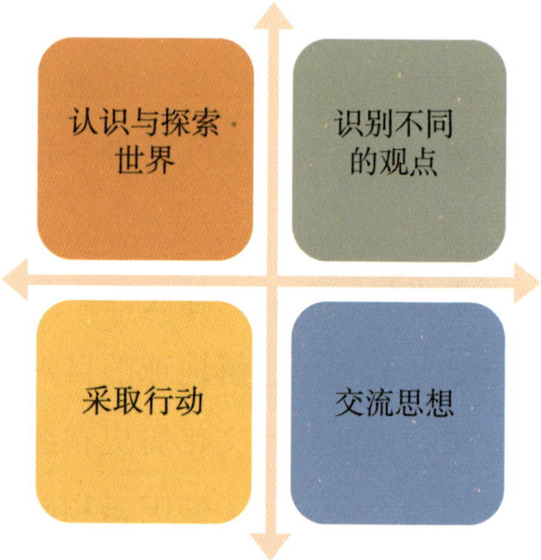

具有全球胜任力的青少年，会主动认识与探索世界、识别不同观点、交流思想、采取行动

题的基础上，通过仔细考察，赋予这些问题以研究意义。具有全球胜任力的青少年，他们不只是寻求标准答案，而是主动探索并权衡有价值的结果。

识别不同观点。在获得和提升全球胜任力的过程中，个体很重要的一步是认识到自己观点的独特性，认识到别人可能会不赞成自己的观点。相应地，也会意识到别人观点可能与自己不同。最重要的是，将自己的视角与他人的进行对比，并在有需要时将这些不同的视角整合成一个新的综合视角，以有助于解决复杂的全球性问题。

交流思想。如何跟有着不同文化背景、生存环境、宗教信仰、思维方式和家庭条件的交流对象和合作伙伴一起工作，达成共同的目标？这就需要交流思想。为了实现交流，精通至少一门外语是非常必要的，能够熟练使用各种传播媒介和新技术，也是 21 世纪思想交流中的重要技能之一。

采取行动。面对这个世界，具有全球胜任力的青少年不仅是收集资料和积累知识，他们还希望付诸行动，促进改变。他们的行动可能包括：面对不同情况、事件和问题，为个人或团队发现和创造机会，从而改善现状；善于借鉴历史经验、参考不同观点，制订行动计划；付诸实践之后，进行反思和改进。

三　拥有哪些能力不会被人工智能所取代

全球胜任力是所有人未来参与全球竞争与合作的能力，与三个关键词有关—人工智能（Artificial Intelligence，简称 AI）、全球化（Globalization）和人性素养（Humanics）。

用心用情

当前人工智能对我们意味着什么？未来人工智能会不会取代所有人的工作？按照美国学者雷·库兹韦尔的说法，到 2035 年，人工智能将超越一个人的智慧；到 2045 年，人工智能将会超越全人类的智慧。

且不说这个“技术奇点”什么时候真正来临，先来看看去年麻省理工学院出版社出版的新书——《防范机器人：人工智能时代的高等教育》，作者是美国东北大学校长约瑟夫·奥恩。东北大学 10 年前在美国前 100 所名校中排在 80 多位，现在上升到了第 39 位，去年计划招本科生不到 3000 人，申报人数却超过了 6 万人。是因为当大部分美国校长还在找钱、招人的时候，奥恩校长却看到了未来教育问题的本质，所关心的是人工智能来了，面对机器人，要培养学生三个方面的素养：数据素养（Data Literacy）、技术素养（Technological Literacy）和人性素养（Humanics）。

在这样的理念引导下，东北大学计算机系的学生都要学戏剧表演课。就是要让这些学科技的孩子，通过戏剧表演，走进不同社会阶层、不同社会角色的灵魂深处，去了解他们，再从他们的心里走出来，将体会到的感受表达出来，让人们了解什么是真正的人性。这正是人的独特性在人工智能时代的体现。

由此可见，人工智能时代，用脑用力能干的事情会被人工智能取代；用心用情做的事情，人工智能替代不了。简而言之，人工智能用脑用力，未来的孩子

人工智能时代，需要培养学生三个方面的素养：数据素养、技术素养、人性素养

用心用情。

包容开放

有两组数据值得关注。第一组数据来自中国第六次人口普查：在北上广深等一线城市里，每 200 人中就有一个外籍人士，预计在 2030 年，外籍人士将占一线城市人口的 1%。那时，不管你高不高兴，出不出国，我们的孩子都可能要与来自全世界各个国家和地区的人共同相处、共同协作、共同把一件事情搞定。

第二组数据来自教育部，2017 年我国出国留学人数首次突破 60 万大关，达 60.84 万人。同时世界各个国家、地区到中国来留学的孩子超过了 45 万。所以现在是中国正在走向世界、世界也正在走向中国的全球化 3.0 时代。

全球化 3.0 时代的特点是以“一带一路”为载体，以互联互通为动力，以包容天下为法则。中国人的智慧是包容的、开放的，是面向全世界的。越开放越发达，中国梦和世界梦连接得越紧密。未来的孩子要融进这个伟大的时代，为自己的美好人生，为家庭、国家、社会，为整个人类命运共同体作出自己应有的贡献。

好奇、同理、会表达

人性素养是奥恩校长提出的三个重要素养之一，与数据素养、技术素养并列，帮助青年人在科技高度发达的人工智能时代，在职场上和未来人生道路上更具竞争力。在这样一个时代，拥有知识本身已经不够了，好奇心、表达力和同理心等人性素养更为关键。

好奇心意味着孩子能够质疑且提出问题。人工智能是根据已有的知识去运行的，毕竟还是人在操控，而提出疑问、假设、假想，发挥想象力，从而创造、创新，都是由好奇心引发的。好奇心点燃一个人生命中的热情与梦想，是最重要和最关键的竞争力。

好奇心是促使人类主动学习的种子，是我们获得竞争力的根源。“好奇心害死猫”是起源于莎士比亚时代的古老西方谚语，警告人们不要做没必要的调查或实验。这句话也与当下的青少年如何获取竞争力有关。好奇是激发学习的种子。与生俱来的好奇心使我们能够深入研究各种问题，并提出一些棘手的问题。比如：好奇心是否“杀死了猫”就是一个值得商榷的问题。

如果你们身边有 3 岁左右的孩子，一定会常常听到孩子一遍又一遍地问“为什么”。3 岁孩子很少对简单的答案感到满意，并且他们能够不断学习和吸收身边的一切信息。他们的头脑飞快运转着，一直思考事情是如何运作的、为什么会这样。同时，他们也不怕反复尝试和犯错。当孩子渐渐长大，会通过反思把学到的东西整合在一起，并重新思考是否能做得更好。

虽然好奇有时会让我们陷入麻烦，但它也可能点燃学习之火，最终成就一个有意义的职业生涯和充实的生活。好奇和提问是教育的根本，好奇心打开了我们心中的窗户，老师们可以通过提问来激发孩子的学习热情。学习是一种积极的追求，它有多种形式，机会是无限的，没有人为学生的发展固定方向。当我被问及中国青年学习者和未来学者应该具备什么样的能力时，我觉得我们需要从源头——好奇心开始。教师和家长培养孩子的好奇心，培养他们的探究能力，像农夫一样让孩子的想象力开花结果，之后继续思考在未来需要具备的技能。

同理心就是俗话说的能够将心比心、以心换心，走进对方的内心，倾听对方的声音，不管彼此有什么样的政治、宗教、文化差异都能理解对方，能够从对方的角度考虑问题。拥有同理心是高情商的表现，哈佛大学心理学博士丹尼尔·戈尔曼将其列为情商的五大关键能力之一。具备强大同理心的人，才能更加包容，更加理解，更加开放，更加融洽。

表达力就是有效得体的沟通能力，就是能够在不同时间、不同地方跟不同社会身份的人，就一个话题用不同语言进行书面或口头的沟通。现在全球都呈现出写作水平下降、阅读能力减弱、沟通方面有障碍等问题，已经引起了有识之士的重视。

表达力里特别要强调的是写作，有人说“写作在这个时代是对自己最好的一种投资”。从 2018 级开始，清华大学所有新生都必须上一门“写作与沟通”课。这样的课程在美国大学的本科教育里一直都是必修课。表达力需要强大的写作能力，写作的前提要有大量的阅读输入。我特别喜欢教育家朱永新教授的一句话：“一个人的精神发育史就是他的阅读史。”看一个人有没有文化，是不是一个文化人，就看他读了什么书。有大量的语言输入，才会有大量的、高品质的语言输出，不管是口语还是写作都是一样的。

人的身份不同，针对同一个主题的表达方式一定不同。讲同一个事情，跟发小讲话与跟老师、领导讲话肯定不一样，跟陌生人更不一样。这就要求我们学会适应，学会得体有效地沟通。

全球化时代强调表达力，必须要学会一门外语。美国现在已经把外语学习上升到了战略高度，会两种语言的人被叫作“双语者”，会三种语言的人被叫作“三语者”，只会一种语言的人则被叫作美国人。对中国人来说，学英语不再仅仅为了考试，而要实实在在地把听、说、读、写都学好，才能更好地连接世界，实现更有效的沟通。学英语一定要坚持“高能高分”，过去的“高分低能”远远不能满足新时代的需求。

对中国孩子而言，全球胜任力的根基应该是中国根基。打造全球胜任力并不意味着数典忘祖、崇洋媚外，而是要秉承我们自己的文化精神和风格，要仰仗我们基因里生发出来的强大的中国文化力量，孩子才能走得更远。我自己的孩子也在国外学习、工作，我叮嘱他一定要做一个堂堂正正、顶天立地的中国人，要打好中国牌，要讲好中国故事，要传播中国文化，有这样的自信才能赢得别人的尊重。

青少年需要怎么做?

一　学会培养兴趣

经常会听到有学生问:“老师，我不知道我的兴趣是什么，我害怕梦想终将变成空想，怎么办？甚至于我不知道以后的就业走向……”

每每听到刚刚步入大学的大一萌新犯这样的迷糊，我都会告诉他们:“别急，梦想是兴趣使然！梦想更是一个一个小脚丫积累出的坦途。”

先与大家分享一段我很喜爱的话，相当励志哟:“当你背单词时，阿拉斯加的鳕鱼正跃出水面；当你算数学时，太平洋彼岸的海鸥振翅掠过城市上空；你晚自习时，极圈上的夜空散漫了五彩斑斓；但是少年你别着急，在你为自己未来踏踏实实地努力时，那些你感觉从来不会看到的景色，那些你觉得终身不会遇到的人，正一步步向你走来。”

人无梦想枉少年。我何尝没有经历过梦想联翩、就地复活加满血的少年时代？我的梦想，曾经是走出湘大，走出湖南，看到外面更广阔的世界，“男儿立志成出乡关，学不成名誓不还”；曾经是创办全国一流的英语教学机构，在庙堂和江湖之间，为中国青少年开辟一条英语学习的新航道……这些梦想，都逐一变成现实。现在，我的梦想，是为了国家和世界的未来，培养学贯中西具有全球胜任力的中国青少年。

那么，你呢，我们年轻的“00后”，你的梦想是什么呢？又打算如何去实现呢？

显然很多“00后”陷入了迷茫。他们急切切地问我：“老师，我没什么兴趣，也不知道怎么找到它，就想着倘若四年毕业后只要有公司录用，我就直接去上岗……”

你们才18岁，就打算这样将梦想和职业草草了事？望着这群眼睛里闪烁着星光的少年们，我决定写一封关于兴趣选择和事业走向的信。

兴趣是选择题，解题钥匙是排除法

首先要回答的一个问题是，你的兴趣是什么？这个问题既宽泛空洞又具体生动。

说兴趣之所以“宽泛”，是因为正值青春年少的你们，在十八岁这个年纪，兴趣爱好定是不计其数。

说兴趣之所以“空洞”，是因为在你们浩瀚的兴趣星球中，你们的迷茫加深了无力感，不知如何选择。

说兴趣之所以“具体”，是因为四年的时间里你们必将从浩瀚中慢慢抽离出自己终将最热衷的那一项兴趣。

说兴趣之所以“生动”，是因为随着时间的推移，你的兴趣终将变成你可以为之奋斗一生的事业和梦想。

入学，你的专业便是你兴趣星球中一颗小小的兴趣恒星，这颗恒星，就与你未来一生的方向形成潮汐锁定，不离不弃。

当年北京大学数学科学学院副院长柳彬 1980 年考到北大，1990 年博士毕业，之后就一直留在北大做老师。而他当年对专业兴趣的选择便是用的非常简单的方法——排除法。他知道自身文笔尚不完美，不够惊艳，所以他不选人文社会学科专业。其次，他说他不是一个在实验科学上能像女孩子一样心灵手巧的人，于是他不选实验学科。最后，他发现自己不是在识记能力方面能颇有建树的人，于是他排除掉了化学这类自然学科。

如此一来，他的专业兴趣能往哪个方向发展？他发现他只能选择数学，加之他发现学习数学不算辛苦（当然是就他而言，来自数学学霸的碾压），于是才有了他在北大从学生到教授的 38 年。

大一的萌新们，如果你不知道在兴趣星球该如何挑选某一兴趣钻研发展时，不要慌张，请记得你的兴趣一定是一道选择题，解题钥匙是排除法。

兴趣是让梦想这块基石愈加坚实的加固剂

梦想会迟到，但不会缺席！有人说，人生恍惚间便如隔世，倘若不用来实现人生价值岂不是浪费了大好时光。所以，世人便开始追求梦想。

还记得你们小时候用稚嫩的童音说着："我以后要当一名人民警察扬善惩恶，我以后要做一名医生救死扶伤……"诸此之类的宣言无一不代表着每一个你，在人生最初的阶段，那个纯真炽热的愿望。它或许意味着，你内心深处的那个真我，即我们常说的初心。

后来，你们渐渐长大了，步入了小学、初中、高中，有一天回家你们会吵嚷着说："我不要做人民警察和医生了，我要当一名飞行员翱翔蓝天，我要做一名武警战士保家卫国……"诸此之类的宣言无一不代表着随着成长阶段的变化，你的梦想，也在随之变幻。所以，你要记得伴随着成长，让梦想生根发芽，并不断拓展自己的素养与技能。

当十二年的小学、初中、高中教育结束后，那一年的6月7号，你带着你的梦想步入考场奋笔疾书，那一年的6月9号高考最后一门学科考完，你走出考场长舒一口气，望向窗外蓝天，憧憬着一个月后填报大学专业志愿……你此时选择的专业，构筑了你梦想的基石，而你的兴趣便是让这块基石愈加坚实的加固剂。

可依然会有人问我："老师，倘若一直找不到这个加固剂，我只是按照父母之命、师长之言，似懂非懂填报了专业志愿，而非我的兴趣，我的兴趣是动漫、手绘、电竞、爬山等等……我怎么会有动力为之奋斗呢？"

解答这样的疑惑，让我们先来看看新航道优秀学员吕子敬的大学生活。她，就读于北京航天航空英语翻译专业。她，频频出现在美国华盛顿国际模拟联合国大会、北京外国语大学第八届领导力论坛、UBC 英属哥伦比亚大学暑期交流会、清华大学模拟环境气候变化会……她，活跃在校社团外联部、校学生会活动部、校合唱团、书院排球队、翻译班宣传部……

乍一看，丰富的实践经历和多元的兴趣爱好让人眼花缭乱，似乎远离了专业学习这条大道。但殊不知，在这么多元的兴趣爱好下却在无意中给了她神奇的力量。通过这些丰富多彩的课外生活，吕子敬找到了一群志同道合为兴趣和梦想奋斗的伙伴，一起进行数学建模，一起学习英语翻译。

渐渐地，她发现自己最喜欢的还是英语，英语是出发点，也是目的地，一路的繁花似锦，呼应她对英语的这颗初心。

同时英语也改变了她的人生轨迹，英语是一个对外交流的工具，在学习英语的同时不可避免地要和老外交流，但由于性格的原因，对外交流对于她来说起初是具有挑战性的。发展兴趣爱好，帮助她克服了对外交流时自信心不足的难关，她开始愿意参加学校的出国项目，她的身影在国际大会的舞台上频频出现。

吕子敬的专业是英语翻译，兴趣和专业就这样融合一体，并进一步激发了她出国攻读英语教育专业，学成后在英语教育这一方面有所作为的事业规划。所以如果作为萌新的你在林林总总的社团面前，有些“选择困难症”，不知何去何从时，那么请向吕子敬取经，多彩的社团，严谨的学生会，高水准的交流大会一定会是你不错的选择。

在寻觅的过程中你会找到你的铆钉。不管你最终的兴趣爱好是演讲、文学，抑或是物理、生物，你都不会再迷茫，在追寻的过程中，你发现了内心的呼唤，发现了愿意为之奋斗一生的方向和光亮。

事业如同航空母舰，搭载了兴趣这一核心组件

事业，是兴趣的结晶，是靠近梦想最近的地方！当你用排除法找到了兴趣，当你用兴趣这个加固剂让梦想基石愈加坚固，你会一路走来触碰着事业的对角线，靠近梦想的码头。

相信大家对伯克利音乐学院并不陌生，这座音乐天堂，造就了来自 75 个国家近 3 万多名音乐家。作为以世界顶尖爵士乐、摇滚乐教学闻名的音乐圣地，更是培养出了深受年轻人喜爱的 John Scofield 等众多才子。华语歌坛王子王力宏也是这所学院的毕业生。

王力宏其实早在 9 岁时就有一个梦想，当时他坐在车上，听到收音机里放的歌曲悠扬悦耳，便告诉自己，如果有一天，能有一首自己的歌在收音机上播放，便完美了！十年后，十九岁的他出了第一张专辑《情敌贝多芬》。梦想着有朝一日可以靠自己才华在

音乐这条道路上熠熠生辉的大男孩，如今凭借对音乐的痴迷和兴趣，实现了自己的梦想！

我身边的新航道学员李耕是王力宏的校友，这个男孩，从小到大受到音乐熏陶，讲起音乐，双眸便会闪闪发光。他也是从内心深处将音乐视作自己愿意为之奋斗一生的事业，梦想得到奥斯卡最佳作曲奖。

但要将兴趣爱好变成事业不是一件容易的事。李耕的父母，最初对他选择音乐持“保留”态度，为他选择的专业是计算机，但李耕兜兜转转之后还是发现自己对于音乐作曲情有独钟，于是偷偷申请了伯克利音乐学院，当他将 offer 拿到父母面前时，父母的欣喜激动难以言表，再也无法拒绝他在这条道路上“飞奔”。

王力宏和李耕以他们的坚定让“兴趣无法成为事业”这样的成见不攻自破。因此，萌新的你们请记得，实现兴趣与事业之间临界点转换时，不要手忙脚乱，不要轻易举手投降，因为当你自己决定要把兴趣爱好做到淋漓尽致时，全世界都会为你让路！

说到这里，再问问自己，今天的你，真心想奋斗一生的事业是什么呢？音乐事业？医药？抑或航天？……

不得而知。我只能慈祥地看着你们，呵呵笑着，就像看着一群轻灵的小鱼儿，跃出海面，奔向浩浩荡荡的大洋。我们这一代人曾经徜徉、满怀梦想的星球，如今被你们“占领”。

亲爱的“00后”，愿你们珍视这一代代人以青春守护过的城池，也愿你们，以兴趣牵引梦想，以梦想构建未来，绘出属于你们的美妙画卷。

唯以真心将热爱细心呵护，以梦为马的斑斓图景，便会在那希望的转角处不期而遇。

二　尊重自己的兴趣

你的父母或老师有尊重你的兴趣吗？有没有觉得有时候他们会为了一些其他的原因，而希望你按他们的意愿去做一些事情，走一条他们觉得是为你好的路，而不管你高不高兴，喜不喜欢？

告诉父母：请尊重我的兴趣

如果你父母和老师在这么做，你得告诉他们：请尊重我的兴趣。因为你要知道，在你自己身上，最珍贵的，就是保有你对这个世界的好奇心。

就我所知道的，很多时候，大人们会忽略孩子身上最初的那根苗子，那团珍贵的火花，任由其转瞬而逝。在不知不觉中，可能这个孩子后来就走岔道了。孩子有很多兴趣爱好，大人们为什么一定要让孩子按照他们设定的方案走呢？

大人们要学会发现孩子的兴趣！曾有一次，我的孩子到别人家去做客，那里有台钢琴，他就坐到钢琴的凳子上去，在这里摸摸，那里弹弹，第一次我们没感觉，然而第二次去，他又重复了这套动作，我与爱人就意识到，他是喜欢上钢琴了！

看到这你可能会在想，我父母要是也能这样发现我的兴趣就好了。没错，根据我的经验判断，你们中很多人，可能也处在这个阶段。

当我们第二次看到孩子去触摸那台钢琴时，我们就商量，要给孩子买一架钢琴。购琴的经历，可以说是“砸锅卖铁”。我当时刚拿了一笔稿费，又找同学借了钱，倾其所有，给孩子买了一架钢琴。果然不出所料，他特别喜欢。学琴的过程虽然很辛苦，但含着泪、咬着牙、跺着脚，他也愿意学。我猜，如果你找到了自己感兴趣的东西，即使辛苦，也会愿意坚持下去的。对吧？

那你可能会问，是不是今后他就朝着这个方向发展了呢？实话告诉大家，孩子考了三级之后，就再也没有弹了。咦？那当初不是白学了？完全没用啊！你可能会这样想。

但是我告诉你，在这个世上，我们做很多事情都不一定是为了“有用”去的。有时候，无用方为大用。在孩子学钢琴的过程中，他通过音乐培养了自己的情操，提升了自己的素养，丰富了自己的生活。而且，即便他考了三级之后，后面就没考了，但他现在因为上班压力大，偶尔还是会弹一曲，以此放松心情，调节自己的生活节奏，这对他一辈子的身心健康都是很有益处的。

所以，如果你若对某个东西或者某件事情感兴趣，一定要及时抓住它，也许它会在未来的日子里带给你意想不到的惊喜。

玩拼图：体验冒险

你是不是也喜欢玩拼图？可能吧。其实，玩拼图是很耗时间的，所以这大概是很多家长都不会陪孩子玩的原因。也许你也熟悉这些出自父母口中的话：我工作太辛苦了，太累了，没时间陪你玩儿。要我说，这是不对的。

家长应该鼓励孩子，与孩子一块玩儿，哪怕熬到深更半夜，也一起把这个拼图完成，对孩子来说，这就是爸爸妈妈对自己最大的支持。你是不是这样认为？孩子的认知体验，与大人们是不同的。有时，大人们用很深刻的语言去表达，很抽象的语言去描述，孩子听不明白，但是，他能感觉到爸爸妈妈在陪着自己，这种陪伴会激励他去做更多的探索，更多的冒险。全球现在最有名的课程体系——IB 课程体系（国际文凭课程体系），其课程就涵括了从幼儿园一直到大学预科所有的级别。每一个级别，都着眼于当代青少年的十大标准，其中有一条，便是“敢于冒险的人”。

小孩子冒什么险？拼图这么多板块，把它一块挨着一块，拼成一个整体，这就是一次冒险的体验。探寻者，inquirers，就是要去探寻未知的事情。所以即便在大人们眼中看来，是如此一件细小的事情，但在喜欢玩拼图的你心中，如果能成功拼完整一幅图，简直可以开心地不要不要的，是不是？所以，当你再去尝试其他新的事物时，你的探索欲望会更强，也会更加自信。

追随内心：去看更大的世界

再比如，计算机打字比赛，以及其他的一些简单的比赛，家长是否愿意让你参加？在我看来，只要是你愿意干的任何事情，当然前提是它本身不是错误的，家长就都应该去鼓励你去尝试。儿童及青少年时期是孩子慢慢向上成长的时期，在这个阶段，你所经历的一切，一定是刻骨铭心的。如果你的家长对你表示认可，对你的兴趣表现出赏识的态度，我相信，你一定感到了极大的鼓舞和欣喜，对自己也更加满意。

所以，如果你的爸爸妈妈尊重你的兴趣，那么恭喜；如果不是，请你主动告诉他们。只要是好事儿，正确的事儿，你都应该大胆去冒险，大胆去尝试，也都值得爸爸妈妈支持你。我也支持你，因为我希望你能够体验丰富的人生，能够成长为一个优秀又独一无二的孩子。

所以，如果你现在告诉我，你有梦想去国外上大学，那我和新航道会全力支持你。我想你已经知道，走出熟悉的地方，去看更大的世界，你会拥有更广泛的选择。你可以读不同的课程，经历不同的体验，最后，再决定深入地去探寻。这与毫无体验、被动成长是不同的，你的人生会拥有更多的可能性。大概这就是常说的：Follow your heart，要追随你的内心。也许你的内心还没有那么宽广，还没有那么远大，但你的兴趣构成了你的小宇宙。永远记住我的话：要一直保有对这个世界的兴趣与求知欲望，因为这决定了你将来能走多广、多远。

三　从小处全面塑造自己

然而按照我们的全球胜任力的标准，青少年要具备的并不仅仅是这些，更需要从态度、价值观等方面塑造自己。我举几个生活中的例子来与大家说明。

如何让家人从满腔怨气到主动做“代言人”？

最近，我和家人去某火锅店吃饭，预订了大堂的一个席位。我们提前到了，但被服务员告知大堂已经没有席位。刚开始我满脸不快，服务生从头到尾一直都在道歉，希望我们能够表示理解。然后他时时刻刻跟大堂里面的服务生保持密切的沟通，还让我的其他几位亲朋好友去体验别的服务。我依然表达着我的不满，我说太让人失望了，我要写一篇小文章《某某某到底能捞多久？》。

等了十分钟之后，领班的人终于出来了，他满面笑容地把我们领到这家店最好的一间包厢，四位服务生同时以最快的速度，在一分钟之内把餐桌收拾得干干净净。当我意识到这是一间最好、最靠里、最安静的包间时，所有的怨气都烟消云散了。

其后的整个就餐过程，你简直找不到任何可以挑剔的细节，你只要流露出丝毫的不满，他一定会主动地说："对不起，不好意思，忘记告诉您了……"整个过程，服务非常到位，非常热情，让人感觉到很舒服，最后我离开的时候已经没有丝毫的怨气。

不仅如此，我还会很乐意通过微信号给他们打赏几块钱。从刚开始一肚子的不满到最后的皆大欢喜，带来的结果是什么？结果是此时此刻，站在这个地方，我就是它的代言人。

如此大的情绪转折，中间发生了什么？是什么在神奇地"发酵"？关键在于细节，在于用心与否。

早到晚起：吃亏占大便宜

我最近和 90 后的同事进行了深度对话，我发现 90 后的年轻人都很有个性、主张和想法，甚至有自己完整的一套价值体系。他们中很多人觉得要获得成功肯定有很多捷径，希望不要有太多的劳动就可以获得巨大的成功，日子会一天比一天好。

大家可能没有注意到一个现象，中午 12 点吃饭和晚上 6 点下班的高峰期，有些同事可能会花上 5—10 分钟的时间在电梯门口守候，期盼着能够第一个进入电梯。你为什么愿意花 5—10 分钟等在电梯门口，却没有想过利用这些时间，梳理今天的思路，思考明天要做的事情，把工位收拾得更整洁，读一读自己想要看的书，增长见识？

这么多年来我发现，在任何一个职场上，但凡踩着点上下班，不愿意有更多的付出的同事，很多时候是很难跳出来的。那些在职场上发展得越来越好、越来越优秀、成长得越来越快的年轻人，一定是非常愿意不断提升自己，愿意奉献，更关注自己成长的人，一定是那些脚踏实地，认认真真做事的人。他们一定能够进入到他的主管、领导的视线范围内。

在新航道，就有一位员工，与上述踩着点来去的同事截然相反。公司规定 9：00 上班，为错过早高峰，他很早就起床乘地铁，7：30 神清气爽地坐在工位上，收拾桌面、制订计划，安安静静地读一个小时书；公司规定 18：00 下班，为错过晚高峰，他又“延迟”一个小时下班，理清思绪、收集材料、丰富自己、提高自己……为下一次整装待发，做足准备。

表面上是多付出两个小时，实际上，这个年轻人是“吃亏占大便宜”。不计小利、甘于付出的他，将来一定会收获超过常人的回报。

大家现在都是“85 后”“90 后”，都站在同一起跑线上，但三五年之后会怎么样呢？十年之后又如何？

谁是最终的人生赢家？一目了然。

华为总裁任正非在创建华为之前，在原公司里就是位很普通的员工，当年那些同事，绝没想到他今天会把华为做成一家世界级的企业。

但回过头来看看，你会发现，不管任正非当时在什么岗位上，都属于最踏实、最低调、最务实的类型。

同理，不管你在什么公司，不管你在哪个行业，这些价值观都是恒定不变的、最核心的，也是让你个人每天都增值的要素。

不是富二代，但我们可以通过奋斗，将自己打造成富一代。我也深信，在每个人心中，都深藏着一团待唤醒的火种，它熊熊燃烧的那一刻，将助你绽放光华，从默默无闻的黑曜石，逆袭成光彩照人的紫龙晶！

看起来缥缈的目标，其实并非遥不可及。

只要你将那些坚不可摧的价值体系，植入到个人发展最核心的要素中去，植入到灵魂深处……

会控制的你，才会过好这“疯狂”的一生

你们是电影控吗？因为我得提到一部电影《后会无期》，当然，没看过也完全没关系，因为我只是要提到里面一句很有名的台词：“听过很多道理，依然过不好这一生。”大家知道这句话为什么会很流行吗？那是因为我们大部分人都处在这样的境地里。

你明明知道英语学习很重要，可翻开课本还没一会儿，注意力就被周围的诱惑吸引了，你对自己说：“明天，一定开始认真学习。”然而第二天又是这样。

你明明知道减肥要控制嘴、迈开腿，却在见到各种喜欢的零食时，对自己说："嗯，就破例这一次。"到第二次却依旧这样。这就是为何听了很多道理依然过不好这一生的原因所在——"道理我都懂，但臣妾做不到啊！"王阳明曾说："知是行的主意，行是知的功夫。知而不行，只是未知。"大家之所以会如此轻易半途而废，是因为还没有真正懂得，没有懂得自律的重要性，没有懂得专注的重要性。而要真正做到自律和专注，就得从培养良好的习惯开始。

好习惯，从睡觉和吃饭开始

睡眠不足，这是我所观察到的现在孩子们最大的一个问题。有位科学家曾说：如果你睡眠不足，那只有一种方法可以弥补，就是更多的睡眠。乍一听有点像废话吧，但就是这个理。在课堂上，你是不是经常会听到老师这么说："上我的课，你要找空子睡觉，我会把你叫醒的。每天晚上要好好睡觉，这个事情太重要了，关系到你健康的成长。"这是老师对你们的关心和要求，你们应该努力做到。所以第一个要养成的好习惯就是好好睡觉、早点睡觉。

拿我们家孩子举例，从小到大，我们对他睡觉时间的要求都会随着他年级的变化而做出调整。上幼儿园时，每天晚上 8 点钟睡觉；上小学时，每天晚上 9 点睡觉；上初中时，每天晚上 10 点睡觉；到了高中，就必须在 11 点前睡觉，但周六晚上除外，因为我们给他设置了一个 free time，到了周日晚上就得恢复正常。

这样养成的好习惯最立竿见影的效果是什么？在我们家最直接的效果就是儿子长到了 183cm 的个子。你看我，现在大概就 170cm，这个高度在我上大学时就达到了，但之后好像就再也没长过了，还算达标吧。而我爱人，大学同班同学，典型的湖南妹子，大概就一米五几的个子吧，所以儿子能长到这个高度当然有一部分得归功于好好睡觉这个好习惯。

所以你看，好好睡觉有多重要，还能帮你长个儿呢，当然最重要的是，你第二天的精气神是不一样的，不论对于你学习还是生活，都会带给你不一样的改变。而这个习惯最好在年轻的时候养成，尤其是你们现在正处于的青少年时代，你们将受益终生。

除了睡眠，我还想说说吃这件事。想必你们中大多数人也都是小小的吃货吧，但我想跟你们说，吃东西千万不要乱吃。像我的孩子，在我们陪他长到 18 岁的 18 年时间里，就只吃过 2 次麦当劳。第一次发现他吃时，我们没说他，第二次再发现时，就告诉了他这种食物的危害性，于是就没有第三次了。

现在很多垃圾食品看着很诱人，但对身体是有很大伤害的，所以大家一定要学会控制自己，管住自己的嘴，可以选择多吃有营养有价值的食物，它们对长个子、有好肤色都是有帮助的。听我的话，以后长成大帅哥、大美女时，记得拍张靓照寄到新航道来。

两点要求：少看电视、锻炼身体

在我家孩子的成长过程里，除了让他养成按时睡觉、不乱吃东西的好习惯外，我还给他提出了两点要求。一是少看电视，在他离开家去美国读书前的 18 年里，我们家里基本是不看电视的。到现在，即便让我在家待一个月，我也从来不打开电视机，我会选择安静看书。

而我也把这个习惯成功传输给了他，让他从小就养成了不看电视，看书并且动脑筋思考的好习惯。大家要知道，看电视、上网、打游戏这些事情，都会影响你的身心健康，会分散你的注意力，甚至在一定程度上会阻挡你心智的发展，所以希望大家今后也能多选择避开网络，多选择打开书本。

我给他提出第二个要求是锻炼身体。身体是革命的本钱，一个人如果身体不好，再有梦想、再有目标、再有追求，也都是白搭，因为他很有可能撑不到梦想实现的那天。所以养成每天锻炼身体的好习惯是绝对必要的。我现在也在坚持锻炼，每天要么走一万步以上，要么跑步半小时到一小时，昨天我跟昆明新航道学校的校长就沿着澜沧江跑了步。

所以现在你们知道我魔鬼般的身材是怎么炼成的了吧。其实锻炼的方式多种多样，你们可以跑步，也可以去爬山；也不需要固定的时间，有时候花 5 分钟、10 分钟在校园里跑一跑，也能收获意想不到的效果。你会发现自己精神抖擞地在听课、动脑筋，不再打瞌睡了。所以要坚持锻炼身体。

小小的习惯，塑造你的人生

我上面提到的这些小小的习惯，你们千万不要小瞧它们，因为在你们将其付诸实践的时候，它们其实正在培养一个人身上所能拥有的最宝贵最难得的自律和专注能力，正在每个看似平凡的日子里一步一步塑造你们的人生。

当你们每天都在坚持做这些事情的时候，你们会发现生活开始变得简单又丰富。而让日子变得简单又丰富，正是我们所要努力的方向。

最后想跟大家分享一下我们家同样朴素简单却内涵丰富深厚的家风。第一是老老实实做人，第二是踏踏实实做事。我们家的孩子最后成为麻省理工的优秀毕业生，成为美国谷歌公司战略部门的人才，却为什么始终不愿意人家叫他学霸？

那是因为我们对他提出过要求和希望：不要让浮夸的赞誉扰乱你坚定的步伐，你只管专心做你想做和该做的事，不论是学习、工作，还是玩耍，都只管做到淋漓尽致、疯狂尽兴。在此，我也把这点要求和希望送给所有的同学们，希望你们用自律和专注做画笔，疯狂地学习、疯狂地工作、疯狂地玩耍，在你们充满无限可能性的人生画卷上，画出人生最美的样子。

使劲地爱，终将遇见更好的自己

我曾在全国进行过上千场演讲，也不止一次，与那些青春的、充满渴望的眼神相遇。学子们的眼神中包含着殷殷的诉说："胡老师，我们还有没有机会，像您一样，实现梦想？像您和您的团队一样，白手起家，绝地逆袭？"

诚然，时代在剧变，我的经验、前人的经验，很难完全克隆；但我也相信，有一些"真理"、一些"原则"，亘古不变。不管你是90后还是00后、10后，遵循这些规律，就能寻觅到青春的突围之道，人生也可能随之璀璨光华、与众不同。

下面，我想与大家，分享三个关键词。

热爱。在职场上，经常会出现这样的情形：有些人工作了很长时间都没有太大的长进，工资待遇也没

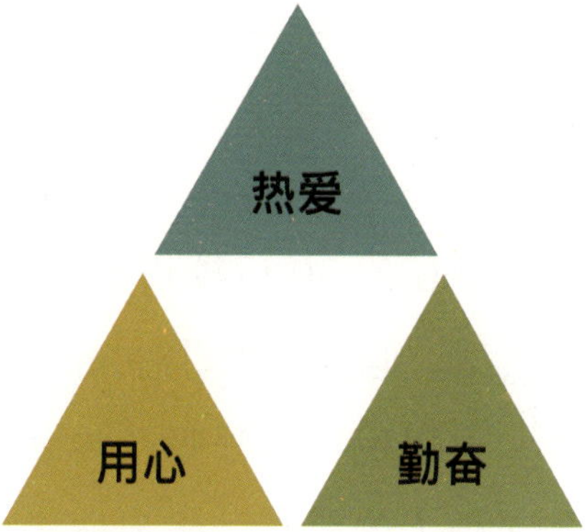

实现梦想的三个关键词：热爱、用心、勤奋

发生质的变化。

这是怎么啦？究其原因，最主要的问题就是他对工作不够热爱。就像谈恋爱一样，你倾注了多少爱，对方是丝丝分明的，相应的，你能收获多少回报，也是相辅相成的事儿。同理，在一家公司工作，你不热爱这家公司，你认为，这只是个“饭碗”、“饭辙儿”，做一天和尚撞一天钟……这样注定是没有未来的。

新航道上海学校的80后校长张凡林，堪称对工作倾注热爱的典型。他大学实习时来到新航道，对工作忠诚、热爱，可以用“同呼吸、共命运”来形容。因此，他获得了惊人的成长。张凡林初来新航道时，很多人都不知道新航道这个品牌，问“新航道是不是家航空公司”。张凡林亲手贴海报、发传单，吃尽苦头……如今，张凡林也在上海滩大展拳脚，成为一位年轻的校长。如此年轻，担当校长，放在其他地方，也许令人不可思议，但张凡林做到了！

Just do it！热爱就是当你身处一个岗位，与你工作有关的任何人、任何事情，你都会高度地去关注。这家单位发展得好，你会高兴；发展得不好，你会着急，会殚精竭虑，让它好起来。这就是热爱应有的状态，也是热爱的力量。

热爱是相互的。这种热爱有时也和谈恋爱不一样，谈恋爱不一定你爱他，他就爱你，但只要你真正地热爱工作，你的直接主管一定会关注到。

“这家公司与我有什么关系？不就是一份工作而已吗？”职场最怕的就是这种心态。跻身浩浩荡荡的打工大军，只有打工的心态很难有所成就。你认为你是打工的，你就真的只是打工的；你认为，你能成为职场上的王者，你没准就真能实现这个梦想。这个工作的地方，现在可能还不是太大，但你能够想象、规划、描摹它未来的样子。

我和我的爱人陈老师结婚时，是经过一番“忽悠”的。她从北京读完研究生来到湖南一看，问我：“胡敏，你的房间怎么只有一张书桌、一张单人床、一个澡盆、一个水壶，再也没有其他的了？！”陈老师当时很“绝望”：她嫁给了一个一无所有的人！但我对她说：“今后房子一定会有的，而且会越来越大，一切都会有的，你想要的我都会努力去创造！”这么多年到现在，确实是想要的都有了，我创造了想要的一切，也有了优秀的孩子。

现在回过头来想，是什么支撑着我们走到现在？那就是热爱。热爱是最伟大的力量。假设有一天你想尝试其他工作，或者因为其他原因要改行了，不管你在哪里，只要你热爱你所在的平台，后面的一切都会水到渠成。

用心。你只是说我很爱你，这是不够的，要用心去爱。新航道南京学校校长邓碧云，也是从一线提拔的校长。坦率地说，他本来不在我的视线范围之内。有一次，我到上海交大参加活动。我到了交大一看，怎么回事，一张海报都还没有贴，一点迹象都没有，这个宣传工作是怎么做的？往里走，远远地看到一个易拉宝；再往里走，报告厅全是学生；学院主管学生工作的老师亲自主持活动，演讲完之后，他还安排我去见这个学院的院长。那是新航道在交大的第一场讲座。

“我在这里打了胜仗，别人都不知道我是怎么赢的。”活动的胜利，一定是因为邓校长用心去运作、去沟通、去组织、去推进，整个过程，他都是在用心做事。

星巴克董事长霍华德·舒尔茨讲过一段话：“我

把心交给了每一杯咖啡，还有星巴克的合作伙伴们。当顾客们感受到这些时，他们会给予相应的回报。如果你倾心投入自己的工作，或是任何值得为之努力的事业，你就有可能实现在他人看来不可能实现的梦想。生活会因此变得很有意义。”我曾经说过，如果这个世界上只有一种方式能获得成功，那这种方式就是用心。

我上课最在乎的就是学生的意见。初来北京时，我的普通话说得不好，湖南口音特别重，但我用心地去改变，现在我所说的每个字，大家都能听清楚听明白。工作一段时间后，我给自己做总结，虚心地向同事学习，虚心地向其他人学习。如今，作为管理者，每天我都会“复盘”，哪步棋下得好，哪步棋下得不好，会总结经验教训，这都是用心的最直接表现。邓碧云校长之所以成长得这么快，就是因为他是一个极其用心的人。

我每年有很多讲话稿，都会整理成一本集子。有一次我在邓校长的办公室，发现很多书都似曾相识。后来邓校长告诉我：“我把您讲话集附录中的书都买了。”

同样身为职场中人，你会花多少心思，不间断地学习与反思呢？久而久之，人与人的差异就出来了。这个差异不是由出身、门第、颜值、天赋导致的，而是由用心与否导致的。

勤奋。曾国藩曾参考明代大儒吕坤的“三分法”，辨天下英雄。他眼中的第三等人才，“聪明绝顶，辩才无碍”；第二等人才，“不拘细节，磊落豪雄”；而第一等人才，则“深沉厚重，魅力十足”。可见，看得见的聪明、头角峥嵘者，未必是大儒心中的大才。而有愚公之志、抱持初心、矢志不渝者，反而可能有过人的成就。

我的小名“球哈”，湖南话就是傻的意思，我奶奶给我取的，因为我看上去比较迟钝。生活中有很多表面看上去愚拙的人，但如果你遇到这一类人，千万不要觉得，他真的很憨、很傻，实际上他明白得很。这只是一种谦卑的方式，不张牙舞爪，慢慢地往前走，过段时间，你会发现，他把你甩在后面了。他很清楚地知道，他要往哪里去。新航道的俞航校长，也是这样的一位“很傻”“很专注”的年轻人，虽然他生于 1988 年，非常年轻，却已担任合肥新航道的校长。

同样是背一篇课文，有的人是天才，过目成诵，一遍就能背下来，但我不是天才，就背一百遍。有这种意志力，持之以恒，人心可齐，泰山可移。现在，年轻人中流行“跑步”。一开始，我也是跑不动的，跑 2000 米就很累，但天天练，我也成了健将，到外地出差也抽空跑步。我跑的不是步，是坚持。

勤奋就是最好的坚持。很多职场中人，习惯了当“逃兵”，左跳槽、右跳槽，缺少一个执念。你要相信，你有多勤奋，你在这个地方，精神上、财富上就会多富有。只要你真心地付出，用心地做事学习，认认真真地对待每件事情，说一不二，说到做到，你就会掌握自己的命运和财富。

用心地爱、使劲地爱，你想不勤奋、不优秀都难。不用羡慕什么官二代、富二代，你就是你自己最好的贵人，你就是时代最需要的人才！

“人生的每一次相逢，都是久别重逢。”有一种相逢，比久别重逢还要让人惊喜，那就是在岁月的更迭里，遇见脱胎换骨、凤凰涅槃的自己。

愿你遇见更好的自己！

四　三个故事揭晓成功之道

你是“中医粉”，还是“中医黑”？

一个从事外语教学的，怎么关心起“国粹”来了？还是“中医药”这个热门话题？这要从中医药的神奇力量（the magical power of Chinese medicine）谈起。

我也不是天生的“中医粉”，我是由路人转粉的。

在我上大学二年级，期末考试即将临近之际，突然得了一场怪怪的皮肤病，全身痒痛无比，上上下下长满了小包，眼皮上也未能幸免，眼睛都睁不开。那时的我，真是“体无完肤”，非常痛苦、饱受折磨。

怎么办？只好去看医生，看的是西医。印象最深的、最刻骨铭心的，是医生给我开了扑尔敏，吃过之后，我整个人基本上处于昏睡状态，病情却没有丝毫好转。期末考试也受到了影响，我没能参加考试，回了老家。

回家之后，我继续服用西药来治疗，但还是未见效果。这时，妈妈就建议我，你试一试中药？

她带我找到县城里面的老中医，开了一个处方。神奇的事情发生了！没过多久，折磨我多时的痒痛消失无踪，整个人彻底地康复。我生命中第一次感受到了 the magical power of Chinese medicine（中医药的神奇力量）。

并且，过后的几十年中，我再也没有得过同样的病了。

以上是我与中医药不得不说的故事。通过这个故事，我想传递的是一种方法论、一种世界观：在这个世界上，如何真正地做到独立思考不盲从，既不盲目自大又不盲目贬低？如何做真相的获得者、生活的强者而不是被偏激、偏见引领的“顺民”？

这些都有赖于各位同学，在日后漫长的岁月中，胼手胝足的打拼中，得出的经验与体验。你真实的感受、客观的体验，会是你最忠实的伙伴。也会是引领你走向成功的，最诚实的向导。

英语学习的方法：静水流深

作为一名多年从事英语教育的教学工作者（30多年，我从未离开过讲台，一直身处英语教育事业的前线，见证过成千上万的孩子英语学习的经历），这些年、这么多场讲座，同学们经常会向我请教、从来绕不开的一个问题就是：英语学习的方法。

所有的同学，几乎没有例外，都希望得到一种立竿见影的方法，想要什么分数，就考到什么分数。但我只能给大家开出这样一个“处方”——Learning English is just like taking Chinese medicine。想学好英语，就要“为用而学”，也就是学以致用。这样，你就会不择地点不择时间寻找一切机会去坚持学英语，英语能力也才会渐渐提升。能力提升了，分数也就自然上去了，就像中医药的疗效一样，是不可能求快的。如果求快，那你去找西医。中医药的速度可能不是最快的，但它是标本兼治。在2004年我出版的《这样学习英语最有效》一书中，我就阐述过这样的原理，打过这样的比方。

静水流深。一个内功深厚的人，成为武林高手，是一件自然而然的事情。

成功跨界创业的“秘诀”：修炼内功

的确，当今世界，诱惑那么多，速成的案例那么多，有的人年纪轻轻就赚到了别人积累了一辈子也赚不到的财富，有人天天在媒体的风口浪尖传授百亿、千亿公司的成功之道……让人眼花缭乱。

但成功有“终南捷径”么？成功的“秘方”又是什么呢？

我给大家再讲一个小故事。我有一位非常好的朋友，一位老大哥，任多家医院的董事长，这些医院在当地名闻遐迩，很受欢迎。我就拜访他，请教背后的秘诀。无意中有了更多的发现：他在当地还开办了学校，有口皆碑。

这就奇怪了！一个开医院的董事长，跨界办学，竟也如此成功，怎样做到的？这位大哥就告诉我，我的医院办得好，很简单，就是我恪守“治病救人”四个字，说得通俗一点，就是时时刻刻围绕一件事打转——如何把病人治好。办学呢？道理是一样的，只想一件事——如何把学生教好。

很有意思对不对？大道至简。看起来很通俗、平淡无奇的箴言里，蕴含的是很深刻的道理，提醒我们不忘初心。

这三个故事，讲述的道理，表面上是不搭界的，分别是中医、英语与跨界创业。但不知道聪明的同学，你有没有看出内在的联系？

第一个故事，中医讲的是内在的调理，扁鹊见蔡桓公，由表及里的四个层次是：腠理、肌肤、肠胃、骨髓，层层深入。治表面上的疾病，见不出中医的本事，中医治病救人，就是帮你解决骨子上、根子上的问题。第二个故事，讲述的同样是“本”“末”问题，你学英语，追求的是分数还是能力，你做事情，追求的是一个结果，还是在这个过程中重视价值观的实现，决定了你的事情能做多大，能走多远。第三个故事，则为你揭晓了成功之道。

成功很复杂，成功又很简单，成功的关键，在于修炼好内功。花里胡哨的江湖招式，难以持久，世间的繁华终会归于沉寂。

云在青天月在瓶，记住一些朴素的道理，修炼好内核，我坚持我成功。这就是我想与同学们分享的成功之道。

五 给就业、创业的青年人支支招

大学生就业难？试试这三样法宝

经常看到一些报道，说现在很多学生考上大学甚至是知名大学，依然觉得很迷茫。三分之一的人不喜欢自己的学校，讨厌自己的专业。另外，有三成同学试图改变专业未遂。也就是说相当多的学生，大学期间是不快乐的。我想说，不管你高兴不高兴，人生由不得你选择，往往你是被选择的。

你能做的是，既来之则安之，任何时候都要有一种定力。看看那些成功的父辈，多少人从事的还是他的专业？这说明，上什么大学，读什么专业，并不是特别重要。任何一个专业背后的思想、逻辑、理念、原则、规律，都有相通之处，都能牵引你的未来。关

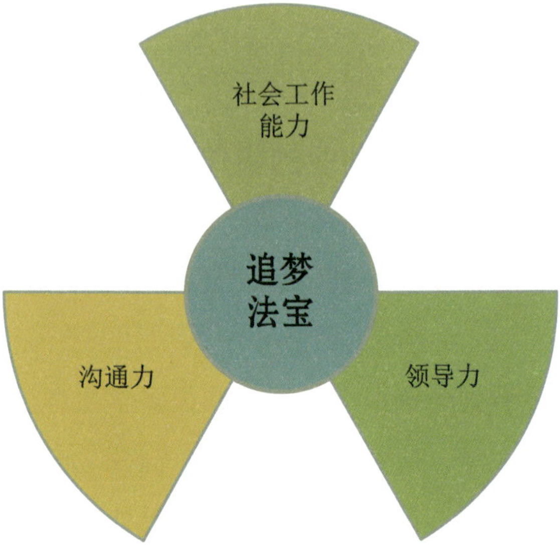

追梦三法宝：沟通力、领导力、社会工作能力

键在于你是否竭尽全力，学出门道，把学科背后的东西全部把控。

最终，所有人都要面对的挑战，是当走出校园时，该走向何方。这就需要你从毕业那一刻倒推，在大学四年里，如何助力“梦想”的腾飞？

下面，我送你们三样追梦的法宝。

人生道路取决于你的语文

第一个法宝，沟通力。不要小看沟通力。为什么有的人说话会让人感觉他很真诚，甚至掏心掏肺，而同样的话换另一个人说，就让人浑身不舒服？

这就是我们通常讲的沟通力。很多时候，大到国家民族之间，小到家人朋友之间，诸多嫌隙、裂痕甚至伤害的出现，都与沟通不及时、不到位有关。

交流讲艺术，沟通有秘诀。现在国内很多大学不重视语文课，可是你们知道吗，在美国的大学里，大一语文是必修，课程名称可能叫作 College Writing（大学写作），可能叫作 Rhetoric（修辞学），或者 Public Speaking（公众演讲）等。

我的孩子毕业于美国麻省理工学院。他告诉我，一个美国大学生，平均一礼拜要读500页图书，囊括人文社科、自然科学等方方面面，读完还要写文章、讨论。通过阅读，完成人文素养方面的自我塑造。大学语文课期末考试时，需要每人上台做演讲。你的逻辑思辨能力，你有没有思想深度、文化内涵，语言功底怎么样，包括你的体态语言，所有一切，都将在演讲中流露无遗。

北大陈平原教授写过一篇文章，叫作《人生的道路取决于语文》，大家可以找来看看。人生中很多机会与你擦肩而过，是因为你的语言表达能力不够。

现在是全球化时代，世界在走向中国，中国也在走向世界。沟通方式也在发生变化，英语所扮演的角色、所承担的使命越来越凸显。可以说，人生的道路取决于你的语文，人生的国际化道路取决于你的英文。

汉语为本，英语为用，你们应努力成为在双语双文化之间行走自如的勇者，成为真正意义上的国际自由人。

职场王者，从当好“寝室长”开始

第二个法宝，领导力。人人都要面临一个不可回避的现实：要么你当领导，要么被人家领导。即便你从没想过当领导，你也有必要对领导力有一定的了解，这样有助于你更好地配合领导开展工作。

什么是领导力？比如说，我经常接触年轻人的求职简历，都写着担任过很多社会职务，我要特别指出的是，同学们应该把那些“职务”做实。你是学生会的部长，你干一两年之后，给继任者留下了什么可以传承的东西，做出了哪些独特贡献，是否展示了真正的领导力？

假设我再上一次大学，我想当一个寝室的室长。这个大学校园里最小的“行政职位”，“经营”好了，其实学问很深。为什么回顾大学生活时，有的同学说，最不愿意待的地方就是寝室，而另一些同学则认为，寝室是大学四年最快乐的地方、一个终生受用的资源和宝库？

一个寝室就是一个组织、一个机构、一个微缩社会，人情冷暖尽在其中。哪位舍友有了困难，我们有没有及时送去温暖和关怀？如果我当寝室长，我会把自己的寝室打造成校园里最美丽温馨的一道风景线。哪怕一名小小寝室的室长，都可以全面锻炼我们的才干。这就是我讲的领导力。

可以这样说，如果你曾是一名优秀的大学寝室长，你要是到新航道来求职，我会把一个城市的分校交给你去经营。

用好假期，为梦想助力。

第三个法宝，社会工作能力。社会工作能力意味着什么？近些年，大家都在说，大学生就业难，为什么难？很直接的原因，就是在我们用人单位看来，你的社会工作能力不够。据教育部统计，超过 50% 的在校大学生大学期间没写过任何一封求职信，没有找过工作。突然毕业了，你以为带着名校光环出来，就能有一个优厚的待遇了？

还是以我的孩子为例，大学期间，他所有的暑假，没有一次例外，都是在实习，把自己累得趴下。各位同学，寒暑假虽然短暂，但如果运用得宜，一样可以“化平凡为神奇”。第一，继续在所学专业相关的领域里，精耕细作，巩固强化；第二，倘若你有所学专业之外的梦想，也不妨借此良机尝试一下，辅修相关课程、找实习机会，说不定命运就此改变；第三，有机会的话，不妨尝试创业，或加入一个创业型公司，成为其中的一分子，真干实干。

拥有了沟通力、领导力、社会工作能力这三样法宝，你一定可以在梦想的“新航道”上顺利启航。

给创业者们支支招：五大法宝

创业不是个新话题，伴随着“大众创业，万众创新”浪潮的掀起，一些小伙伴已经走在了创业的路上，还有一些小伙伴也跃跃欲试。西汉刘向《战国策·秦策五·谓秦王》中道：“诗云：‘行百里者半于九十。’此言末路之难也。”这句话也可以用来形容创业的艰辛。要知道从当你决定创业的那一刻起，今后的路注定不会轻松自在。

那么，怎样才能够在这条荆棘密布、暗礁丛生的路途上，扶摇直上九万里，感悟到幸福和美好呢？

2004 年 10 月 16 日，我和我的创业团队，在北

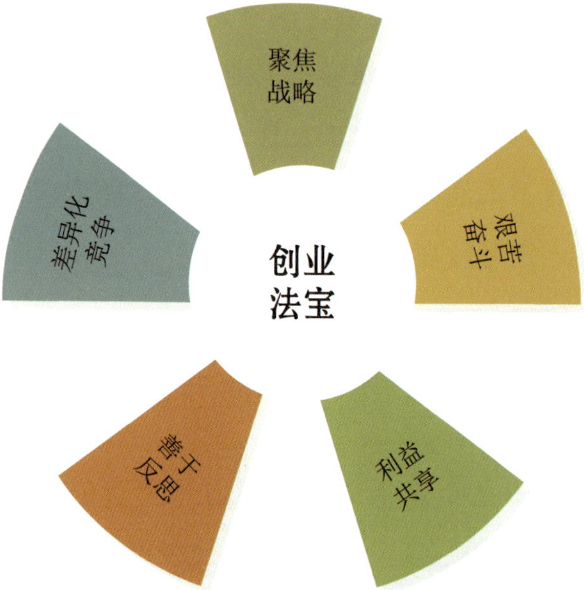

创业五法宝：聚焦战略、差异化竞争、艰苦奋斗、善于反思、利益共享

京市海淀区知春路的一间民居楼里边，创建了新航道。创业维艰，筚路蓝缕，经过十几年持续的艰苦奋斗，从0到1，新航道已成为中国英语教育培训领域的两大机构之一。

这番创业过程，披荆斩棘、栉风沐雨，绝不是一帆风顺的，但对我来说，却是一次美的征程，我从中体会到了美好，获得了幸福。

作为过来人，今天，我要向你们分享5个创业的“法宝”。

法宝一：聚焦战略。聚焦，是一个物理学名词，当一束光汇聚于同一个点，也就能够呈现出漂亮的图像。足以见得，聚焦的能量有多大。所以对于创业者来说，第一点，也是最根本的一点，大家一定要懂得聚焦的重要性。换句话说，就是要对自己有个明确的定位，要清楚地了解：我是谁。

我记得，两年前，新华社历经一番周折，终于采访到了非常低调谦逊的华为创始人任正非先生，并发表了一篇名为《“28年只对准一个城墙口冲锋”——与任正非面对面》的专访稿。华为的这个城墙口就是通信领域。按照华为的实力，绝对也可以玩一玩新零售、金融、房地产，但是它只对一个城墙口冲锋。我相信，华为之所以能够成为当代商业史上的传奇，很大程度上就是得益于聚焦的力量。

以我们英语教育培训界为例，根据官方的数据统计，全国有大大小小超过5万家英语教育培训机构，专门针对出国留学领域的机构也有上千家。就英语教育培训领域来说，各种各样的品类应该不少于100个。仅就出国留学领域而言，除去非英语国家，也依然蕴藏着一个巨大的、无限的市场。新航道在创业初期，曾走过一段弯路：我们的产品包含了小学英语、初中英语、高中英语、四六级、考研英语等各个方向，想要囊括英语教育的很多方面。然而后来我们发现，这是一个错误的决定。

很多时候，决定不做什么比决定做什么更重要。这个世界上，机会太多，诱惑太多，陷阱太多，很多人都感到无所适从，甚至迷失方向、丢掉自己、忘记初心。所以后来我们痛定思痛，明白了一个道理，在创业的时候，我们应该打造出自己的尖刀产品。只有发挥一根针（一根筋）的力量，有一股子傻劲儿，方能把一件事情做成。

法宝二：差异化竞争。我们常说，每个人都是独一无二的存在，都拥有与众不同的特点。很多“90后”、“00后”的小伙伴们也主张追求自我，想要做一个有个性的人。实际上，在创业的过程中，同样应该有这样的追求，要注重差异化。也就是说，一个创业者应该有创新意识，要认清你跟别人有什么不一样。想要创业成功，你要努力做到的是：理念的创新、产品的创新、服务的创新、技术的创新。要做自己，而不是去走别人走过的老路。

真正的领先，真正的有竞争力，意味着在思想上领先，在技术上领先。例如，就我们新航道而言，怎么样能够实现差异化呢？我们不是第一个做英语培训的，我们甚至都不是第一批做英语培训的。但是经过对英语教育培训市场深入的研究和剖析，我们发现，我们国家有千千万万的青少年在学英语，然而大多数都面临同样的困境，就是不能够做到学以致用，不具备英语能力。

如果说当我们创建一个公司、研发一个产品、推出一个课程的时候，能够真正解决消费者（用户、学员）心中最大的痛点，对症下药，我相信，它一定可以在市场上占据一席之地。新航道同绝大部分的、甚至几乎所有的英语教育培训机构不一样的地方是：我们高举英语能力至上的理念。我们坚信：因为高能所以高分。尽管高分是每一位英语学习者的刚需，但是当你的英语能力、你的软实力足够强大的时候，自然而然便能在各种英语测试中获得高分。

正是凭借着“高能高分”这个差异化的核心理念，我们赢得了竞争，拓展了市场，实现了快速的发展。所以作为一个创业者，真的要想清楚，我们能够给我们的用户创造什么样独特的体验、独特的价值。

法宝三：艰苦奋斗。走在创业的路上，你必须拥有的第三大法宝是：艰苦奋斗。说到这四个字，很多人可能会感到不可思议：我们的经济在飞速发展，我们的科技在急速进步……很多“00后”，高中没毕业就周游世界了，奋斗可以理解，但艰苦真的有必要吗？我可以肯定地回答你，绝对是有必要的。

要知道创业从来就不是一蹴而就的事情，我们千万不要寄希望于天上掉馅饼，更不要奢望overnight miracle（一夜之间发生奇迹或一夜暴富）。甚至说，如果你真的想创业，那你的动机应该是非常单纯的，你的内心有一种强烈的愿望在驱使你向前。这个愿望就是：我必须把事情做好，因为这件事情是对他人有益的，它能够让周边的社区、所有的用户，收获更优质的生活、更好的产品和服务。

我特别欣赏华为的“床垫文化”。华为之所以是华为，是因为从它创立的第一天开始，一直到今天——并且我坚定地相信——直到永远，它都有一种创业家的精神、一种艰苦奋斗的精神。华为所有研发人员的办公桌下，都放着一张床垫。中午休息时间，取出床垫，躺在上边休整一下，下午继续工作。傍晚下班之后，不回家休息，而是继续在办公室工作。累了，取出床垫休息一下；醒了，坐起来继续奋斗。循环往复，就这样度过无数个不眠之夜。

艰苦奋斗意味着什么？艰苦奋斗意味着我们要有吃苦耐劳的精神。要相信一个真理，世界是公平的，只要你付出，只要你努力，就会得到你应该得到的一切。近几年，每一年的新年伊始，习近平总书记的新年贺词都能让人感受到温度和力量。其中有两句话，非常平实，却令我刻骨铭心。第一句就是：撸起袖子加油干。第二句就是：幸福都是奋斗出来的。

著名学者金一南先生把中国共产党比作“中国历史上最牛的创业团队”，从我们党创建的第一天直到现在，不断地创新，不断地发展，不断地创造奇迹，不断地为整个人类、为世界和平做出巨大的贡献。贯串始终的核心就是艰苦奋斗。所以，奋斗成就梦想应该成为创业机构核心价值观的重要组成部分。每个人、每个企业，当你回首往昔，会感到苦尽甘来，这便是创业的美好。

法宝四：善于反思。有一句话，我们从小学时就开始背诵：“曾子曰：吾日三省吾身……”虽然这句话已经有2000余年的高龄，可以说是老生常谈了，但时至今日，它依然非常有价值，应该被每个人，尤其是每个创业者，奉为箴言。

所谓反思，其实就是在自我反省，就是时刻追问自己：我可以做得更好吗？

对于创业者而言，“我怎么样才能为我的客户做得更好呢”，是每天都必须要思考的问题。我们在创业的过程中，难免会经历很多次失败，跌倒了爬起来便是。马云先生创建阿里巴巴，也是在经历过了 18 次的创业失败之后，才有了今天的辉煌。所有的成功，都必定是用泪水和汗水浇筑而成的，都必定是从失败中吸取教训、总结经验、不断奋进，方能达成的。

清朝第一名臣曾国藩的事迹很多人都耳熟能详。曾国藩先生成功的最大秘诀，就是一个词——复盘。做完任何一件事情，都要像下围棋一样进行复盘，仔细分析，哪步棋走得最好，哪步棋是烂棋，下一次要怎么做，才能战胜竞争对手。

我们新航道每一年都会举办国际教育展，而每次教育展结束之后做的第一件事情，就是所有工作人员聚在一起，进行总结和反思。不仅要总结出本次活动的三个优点，更要反思活动中存在的三个不足。恰恰是因为认真的反思和总结，新航道才实现了“一次超越一次”的前进和突破。

如果我们对待创业过程中所有的经历，都有一种自我反思的态度，从错误中学习，从失败中爬起来，我相信，我们定能不断地提升自己，不断地自我进化，让自己变得越来越强大。

法宝五：利益共享。近几年，大家肯定都有看到，各色的单车相继涌现在许多城市的街头，五彩缤纷，形成了一道别样的风景线。共享单车、共享汽车、共享充电宝……无数个以共享命名的事物，层出不穷地出现，给我们的生活带来了极大的便利。我们经常会听到一种说法：共享经济。其实，“共享”也是每一个创业的小伙伴应该思考并践行的终极命题。

作为一个创业者，你要知道，虽然你创造了这个企业，但企业并非是你独有的。在创业初期，它应该是所有和你一同创业、一同奋斗的小伙伴们共同拥有的。在创业的中后期，当你的企业发展壮大，拥有了百名、千名甚至万名的员工时，它也应当是归这些人共同拥有的。任何一家企业，都是一个利益共同体，都应该有难共担，有福同享。

以我为例，新航道自2004年创立以来，已经走过了超过13年的风风雨雨。时至今日，在跟团队中的小伙伴们互动的时候，我问的最多得一个问题就是:“毕业这几年来，你在你的同学里边，是不是干得最好的？生活是不是最痛快、如意的？”每一次，当我的小伙伴们肯定地告诉我“胡老师，是的，确实如此”，都是我感到最开心的时候。我们新航道现在的高管团队，无一例外，全部是从一线最基层的职位，一步一步做上来的。他们所有人的职位都不是我安排的，他们的座次、他们的地位、他们的待遇，都是靠他们自己来挣得的。

近两年，我在研究学习“一带一路”这个伟大的倡议。“一带一路”确实是中国对全世界贡献的一个伟大的公共产品。它很完美地体现了中国的大智慧。其中“一带一路”的原则，我也想跟大家简单地分享。

“一带一路”的原则是什么？三个“共”——共商、共建、共享。简简单单的6个字，却非常博大精深，值得我们每一个创业者认真学习并活学活用。“共商”指的是利益共同体，“共建”指的是责任共同体，“共享”指的是命运共同体。大到整个世界和国家，小到每一个企业和家庭，乃至个人，想要实现幸福指数的提升，想要有更大的获得感，都应该努力坚守“一带一路”的共商、共建和共享原则。在企业中，这个原则将会为我们的客户创造价值，为我们的员工谋得福祉。

所以，我想对所有即将开始创业或者正在创业的小伙伴们说：如果我们一直不忘初心，坚持只做一件事情；

如果我们能够抓住客户的痛点，实现差异化；

如果我们能够真正做到不骄傲、不自满，始终艰苦奋斗、砥砺前行；

如果我们能够经常地反思自己，每天回答同一个问题——怎么样为我们的客户带来更好的体验，创造更好的服务和价值；

如果我们坚守共享的原则，每天思考怎样能够公平公正地对待每一位伙伴和员工，让员工体验到获得感和幸福感；

那么，我相信，你一定可以在创业这条路上走得更远，你也一定可以感受到创业以及生活的幸福与美好。

六　三点真经，让你成为自己的“超级英雄”

我国著名的人民教育家、哥伦比亚大学教育学院的杰出校友陶行知先生说过一句话：“人生为一大事来，做一大事去”，这便是梦想。每个人心中都有梦想，百年前，陶行知先生拒绝哥伦比亚大学校方让他继续留学深造的邀请，毅然决然踏上归国的轮船，为的是“让全国人民都有受教育的机会”的梦想；三十余年前，43 岁的任正非先生拼凑出 2.1 万元人民币，创建华为公司，为的是“创建属于中国人自己的通信设备”的梦想；14 年前，40 岁的我，抛弃了所有的鲜花和掌声，从零开始，走上创业的道路，为的是“回归教育本质，在‘庙堂英语’和‘江湖英语’之间，开辟出一条英语教育新航道”的梦想。

立志如山，行道如水，永远不要小觑梦想的力量。梦想从来不问出处，它们起初都很小，但是只要我们为梦想始终如一地坚持，它就会像一颗极具生命力的种子，成长为参天大树。

从大学老师到创业者，梦想赋予了我怎样的力量呢？我这个走在创业路上的老兵想跟大家分享三点真经。

开辟蓝海

关于蓝海和红海的概念，可能大家都常有耳闻，但说起它的内涵，却鲜有人知，很多人都一知半解，懵懵懂懂。

其实，红海和蓝海是指我们现在的市场由两种海洋组成，即红海和蓝海。所谓红海，就是大家都知道的事物、模式等，充满了相互竞争和争夺，厮杀得血流成河，争红斗紫，所以叫红海；所谓蓝海就是还不为大众所熟知的领域，需要努力寻找和开拓，神秘如深海，浩瀚无垠，所以叫蓝海。成功的创业者必然是勇于冒险、开辟蓝海的探索者。

在很多创业者和投资人的眼中，英语教育领域都是血雨腥风的红海一片，群雄逐鹿，高手林立，新航道是如何在“春秋战国”的混战中杀出重围，另辟行径的呢？答案其实很简单，独辟蹊径，不跟风，不盲

创业的三点真经：开辟蓝海、与时俱进、持之以恒

从，不人云亦云，开辟出一片独一无二的蓝海，即采取蓝海战略。

前段时间去英国出差的时候，我体验了一番伦敦的 CitizenM 酒店。众所周知，酒店行业是一个非常古老、传统的行业，在大多数的国家或地区，都不乏酒店的存在，甚至可以说是上至五星七星大酒店，下至普通小旅馆，应有尽有，更何况是在世界上最大的金融中心之一的伦敦。然而，CitizenM 却奇迹般地异军突起，在寸土寸金的伦敦市中心占据了一席之地。

CitizenM 酒店的口号是提供“让人民住得起的轻奢酒店”，为了在成本不增加的情况下，给顾客提供奢华却平价的优雅享受，CitizenM 进行了独具匠心的变革与设计，如减少房间面积、将前台服务人员减少到一个人。与此同时，将大堂变成会谈场所、提供免费上网、增加舒适大床的服务……CitizenM 采用的“蓝海战略”，使其迅速赢得口碑与市场，将不可能变成可能。

我们新航道脱颖而出的制胜法宝，也是“蓝海战略”。创业伊始，新航道即在业内提出独特而前沿的教学理念：英语高能高分，Better English,Higher Score，这一理念赢得了家长与学生的高度认同。

其实，即便红海一片，也并不可怕，可怕的是，作为一个创业者，你在红海之中迷失了方向。想成功，你必须要善于在蓝海之上构建自己的赛道，你必须要明白：不需要所有人都喜欢你的产品或服务，重要的是你自己的初心是什么？Never forget why you got started.

与时俱进

如今的世界，是一个多极化的世界，是一个经济全球化、文化多元化、社会信息化的世界，想要在时代的洪流中站稳脚跟，立于不败之地，就必须要与时俱进。

对于创业者来说，更是如此。夺一池一城，易；守“江山”万里，难。一个成功的创业者，必须要克服思想上的惰性，不断地自我升级。思想上与时俱进，行动上面向未来，才能始终引领行业，避免被后来者“弯道超车”。

作为一个创业者，一个英语教育工作者，我要思考的问题就是：21 世纪的教育到底是怎样的状况？21 世纪究竟需要什么样的人才？

如果说英语教育是一个金字塔，处于最底端的，自然就是应试教育。往上一层，就是能力教育，也就是培养孩子们的听说读写能力。再往上，是目前的顶端——全球胜任力。因此，我和新航道所致力的教育，不再是传统意义上的应试教育，而是培养具有全球胜任力的国际型“种子选手”。他们需具备四个维度的能力，前面我已经详细讲过。

四个方面环环相扣，互相依存，缺一不可，塑造的是青少年面向未来世界的知识、能力、态度和价值观。

科技引领未来，创新成就梦想。如果说与时俱进的第一层含义是跟得上时代的步伐，那么，它的第二个内涵就是促成科技与人文的深度融合。

对科技的种种变革、推陈出新无动于衷的教育工作者，是麻木不仁、墨守成规的老朽，难逃被大潮淘汰的命运；但将教育本质中的爱、关怀、温度剔除，一味强调科技的加持，则脱离了教育的初心与本原。

科技越来越发达，风起云涌的人工智能引发了很多人的失业焦虑，但在我看来，有两个职业是很难被取代的，一个是救死扶伤的医生，一个是教书育人的教师。机器再发达，也具备不了人的感情和温度，只有教育为本，科技赋能，双核驱动，才能构建更美好的未来。

持之以恒

千古文豪苏轼先生的《晁错论》中有一句话："古之立大事者，不惟有超世之才，亦必有坚忍不拔之志。"的确，梦想人人都有，然而在追逐梦想的道路上，却并不是人人都能够坚持到最后。为梦想颠簸的人，有成千上万，但持之以恒、行至终点的人，却很可能寥寥无几。

创业尤其如此，可以毫不夸张地说，创业是一个险象环生、九死一生的过程。就像马云说的"今天很残酷，明天更残酷，后天很美好，但是大多数人都死在了明天晚上"，对于创业者来说，如果没有钢铁般的意志和毅力，如果没有持之以恒的决心和勇气，如果不能像竹石一般，“千磨万击还坚劲，任尔东西南北风”，自然是无法穿越黑暗迎黎明，透过阴翳迎阳光的。

在跟许多年轻的朋友们交流的过程中，我发现，他们有一个共同的困惑：刚开始创业时，往往满腔热血，一往无前，但很快就找不到坚持下去的动力了，像一个断了电的齿轮，迅速停止了转动。

从2004年开始创业，到现在已经14年了，我仍然走在创业的路上，并且步履不停，一直向前。那么，是什么在支撑着我、敦促着我呢？

第一，熊熊燃烧的梦想之火。生命不息，梦想不死。如果你能够时刻谨记自己的梦想，如果每天早上叫醒你的不是闹钟，而是梦想，如果每天晚上伴你入眠的，是小目标已经实现的坦然和纯粹，如果你能作息规律，保证有充足的体力，每天都斗志昂扬地投入到新的一天的奋斗中，那么，我相信，你内心的梦想之火，一定会永不熄灭。

前段时间，我在郑州大学第一附属医院遇到了一位99岁高龄的老先生，在眼科科室里操刀做手术，年过耄耋之年的他，还能如此精神抖擞，还能为了自己的梦想奋战在手术台上，我们这些正值壮年（青年）的年轻人，还有什么理由松懈呢？

第二，为之痴狂的超级英雄。每个人心中都会有榜样，都会有一个属于自己的超级英雄，他就像一个明灯，可以照亮并指引我们前行的道路，可以在我们灰心丧气的时候，鼓舞着我们前进。

有没有一个人，能让你提到他就感觉自己心潮澎湃、热血沸腾呢？我有！这个人就是华为的创始人任正非先生。用现在网络上流行的一句话来说，我是任正非先生的超级迷弟。但凡在各种新闻报道里看到任老的照片，我都会下载并保存到手机的相册中，时常翻看。有一张照片，是任老站在机场的路边排队打车，一手拉着行李箱，一手拿着手机通过电话处理公务，等待出租车的到来。每次看到这张照片，我都会被感动得热泪盈眶。试想，70 多岁的任老还如此亲力亲为，为着自己的梦想在奋斗，那我又算得了什么呢？

最后，把康德的一句话送给每一位创业路上的同行人："既然我已经踏上这条道路，那么，任何东西都不应妨碍我沿着这条路走下去。"

全球胜任力需要用对方法

一 父母是青少年们最好的全球胜任力导师

了解青少年们的不一样

首先我们得了解我们的青少年是怎样一批青少年，一代一代在成长，到2019年，“80后”全部迈入了而立之年，“00”后的青少年进入了我们的视野。他们用自己喜欢的方式打开了世界。

2018年3月15日，一个突如其来的消息，迅速地刷爆了朋友圈，伟大的科学家霍金在这一天“飞向了群星”。霍金的新浪微博，也永远定格在了最后一条博文——内容与很多年轻人都喜欢的一位idol（爱豆）王俊凯有关。

在这条微博中，霍金针对王俊凯的提问视频做了回复。视频中，王俊凯的英文吐字清晰，听起来很舒服。霍金回答问题之余，还说了这样一段话："我很高兴就王俊凯提出的优秀问题做出一个视频回应。他的提问让我看到了中国千禧一代年轻人对未来的思考和好奇心。"

随着2018年的到来，第一批"00后"满18岁，进入大学校园，可以说，"00后"已经时刻准备着要"攻占"地球了。我们新航道有很多"00后"学员，在他们身上，正如霍金所言，我也看到了年轻一代探索未知世界的勇气，以及为了梦想而拼搏的毅力。接下来，我想分享3位"00后"的故事。

第一位，他是一名炫酷的rapper，也是一枚历史小神通，今年年初，他拿到了康奈尔大学的offer。这位小帅哥叫向宸，他不仅热爱rap和历史，还喜欢弹钢琴，可以说爱好非常广泛。这些爱好非但没有影响他的学业，反而帮他取得了更好的成绩。为什么呢？因为他做任何事都不是没有计划和目的地乱做。

在学习时始终保持专注，严肃对待，自我施压；在休息的时候，又能尽情放松，不论是看美剧，还是听最爱的歌手 Eminem 的歌，都全情投入，充分享受。

第二位，是17岁就被剑桥大学录取的张沂宁，张沂宁就读于山东，同样多才多艺——文能吟诗作对，武能骑马跨栏，理科也不在话下，是当之无愧的学霸。在朋友们眼中，张沂宁是个有点呆萌的女孩，但实际上，她非常善于思考，极有主见。就连学马术，都能从中总结出一套人生哲理来。她说："马术中，'配合'最为重要，'人马合一'是最高境界。后来你发现，你和马是亲密的朋友，它并不是你的工具，这就是这项运动的核心要旨。"

第三位是北京女孩勒安捷，她也于2018年年初被剑桥大学数学系录取。数学是剑桥大学的王牌专业，科学家牛顿和霍金都是剑桥大学数学系的教授。数学是一门比较深奥和晦涩的学科，可能有不少同学闻之色变。这个刚满18岁的姑娘，又是如何与剑桥结缘的呢？这要追溯到初三那年，她读了一本书——《几何源本》。在此之前，她对物理也很感兴趣，看了许多霍金的书。勒安捷的成功，归根结底，是找到了自己的兴趣和方向，然后坚持下去。看似简单，其实做起来并不容易。

前段时间有一首歌非常流行，叫《我们不一样》。确实，无论向宸、张沂宁还是勒安捷，他们都是不一样的烟火，都有自己的style。当然他们也有很多共同点，比如英文都很赞，否则无法得到康奈尔和剑桥这些国际一流学府的准入证；比如他们都不盲目从众，而是保持自己的判断，走自己的路。这才是“00后”应有的样子。

了解青少年们需要什么样的能力

经合组织于2018年4月5日发布了“未来的教育与技能：教育2030”研究项目的意见书，阶段性地总结了研究成果，希望帮助教育者了解现在的学生需要哪些知识、能力、态度和价值观帮助他们改变世界。意见书中提到，在这样的全球化背景下，三个类型的能力非常重要。

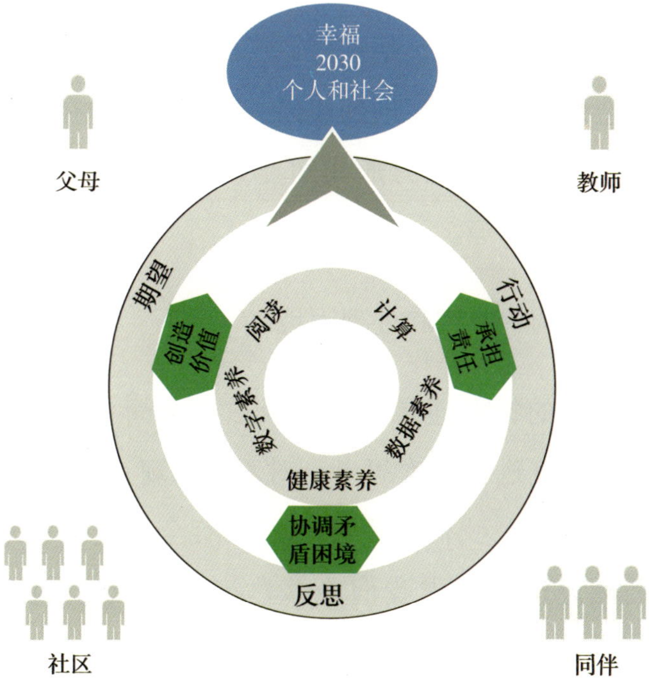

“未来的教育与技能：教育 2030”项目意见书

能够创造新的价值

创造新的价值包括创造、形成、规划的过程，得到创造性、新颖、原创的成果，帮助培养内在的积极价值。支撑这一能力形成的要素有：创造力、好奇心、全球思维等。

能够调解冲突和处理困境

问题的答案通常不是黑或白这么简单，必须从不同的角度进行再次思考、对不同的观点进行思考。即使在本国，我们也需要调解具有全球内涵的观点与利益。这就要求我们能够熟练处理冲突与困境，权衡利弊。

有责任感

这意味着我们可以根据自己的经验、个人目标和社会目标，反思并且评价行为，解决新奇、变化、多样性和模棱两可的问题。

教育者和家长可以通过一系列的反思、预测和行动，使孩子的这三种能力得到发展。预测是运用认知能力，例如分析能力与批判性思维思考未来需要什么，哪些事情会对未来产生影响。反思是指孩子们有能力质疑这个时代已经确定的智慧，能够通过反思将自己抽离出来，从其他立场思考问题。反思和预测都有助于采取负责任的行动。

在一个越来越一体化并且相互联系的世界，对于来自不同文化背景的人们要有开放的心态，要尊重文化的差异，要有全球意识。所有的知识与能力对于孩子未来想要取得的成功而言都至关重要。

父母要怎么做

父母是孩子的第一任老师，且是最有影响力的老师。在孩子的国际化成长道路上，父母同样可以大有作为。在全球化已经渗入我们生活方方面面的当下，只要父母注意在家庭活动中融入全球化元素，就可以将世界带进家里，将客厅变成课堂，将饭桌变成课桌，为培养孩子的全球胜任力创设最佳环境，成为孩子的第一任“全球胜任力导师”。

具备全球意识：将世界带进家里

在不远的未来，越来越多的孩子需要在全球化职场上竞争一份自己想要的工作。具备全球胜任力，将是新一代应对未来生活和工作的必需能力。

“培养孩子需要一个村子的合力”，是一句非洲的谚语，说的是父母需要善用周围的资源和力量培养孩子。在全球化的今天，这句话可以改成“培养孩子需要地球村的合力”。父母可以带着全球意识，用好地球村的各种资源，布置一个具有世界意味的家。

首先可以从挂一幅世界地图或摆放一个地球仪开始。这两件并不昂贵但功效神奇的物品，既是一种家庭装饰，也是陪伴孩子从幼儿开始的玩具、学具，还可以是全家人休闲娱乐的伴侣。

世界地图告诉孩子世界有多辽阔，帮助孩子认识世界、开拓视野，在其中找到知识和乐趣。可以从认识陆地与大海开始，了解城市与自然的概念，知道不同国家与各种政体；可以从形状开始，发展山川河流等地理知识和日月星辰等宇宙认知；还可以在玩中学，讲述地图背后真实的或虚拟的故事。

父母是孩子的第一任“全球胜任力导师”，需要具备全球意识，在家庭活动中打开全球视野，鼓励孩子做参与世界的“斜杠青年”

每一次家庭出游都可以从地图开始启航做功课，比如去美国旅行就先在地图上找到自由女神像的位置，了解与迪士尼、汉堡薯条、爆米花、蝙蝠侠、超人等有关的地理概念与故事。

其次，与孩子一起关注来自全球的生活用品背后的故事。经合组织对全球胜任力的解读报告中有个故事：一个小学生从衣服的标签上发现自己的大多数衣服都产自孟加拉国。她十分好奇地上网浏览各种服装的网页，发现有一些品牌更关心工人的人权问题，而有一些品牌则长期存在“工厂工作环境恶劣”的问题。于是她阅读更多的文章后，开始购买进行公平贸易的品牌，并积极呼吁制造业在道德上负起应尽的责任。这个孩子的行为，体现了全球胜任力的第一个目标维度——从自己的生活出发，对地区、全球和跨文化议题的分析能力。

目前，有越来越多其他国家和地区生产的物品进入我们的生活，从纸尿裤到化妆品，只要稍加留意，就会发现这些物品携带着各自的文化基因。父母可以从这些实物出发，跟孩子一起讨论其中蕴含的经济、地理、社会、道德等话题，将世界带进家里，为培养孩子的全球胜任力创造环境。

开展家庭活动：在游戏中打开全球视野

家庭活动是指家庭成员一起参加的活动，既可以是普通的一顿饭、一次散步、一次聊天，也可以是有计划的亲子阅读、运动、游戏、旅行等。家庭活动不但是童年最好的礼物、和谐亲子关系的利器，也是培养全球胜任力的有效载体和唾手可得的机会。

全球化已经渗入我们的吃穿住用行，父母可以跟孩子聊聊美食背后的历史与文化。孩子收到来自不同国家的礼物时，父母可以跟孩子讨论其背后的国别文化，或者像关注服装背后人权问题的女孩一样，去了解那些礼物的生产情况。

亲子共读能让父母和孩子彼此心意相通，也有助于培养孩子具备全球胜任力的第二、三个目标维度——能理解并欣赏不同的看法和世界观；能与不同性别、来自不同国家和民族，有着不同宗教、社会和文化背景的人建立良性互动。

如果说阅读是模拟与不同文化背景的人进行开放、得体而有效的互动，那家人一起看电影就相当于开放的跨文化学习之旅。电影融多种艺术和现代科技于一体，承载着不同文化的基因与传承，观看不同国家的电影并进行深入讨论，不啻为性价比很高的跨文化之旅。

在家庭活动提供的这些全球化情境，有助于孩子突破单一文化的认知瓶颈，在文明的交流与碰撞中了解何为求同存异、因时而变、因事而制，使孩子对世界文明的见解日渐广博精深。父母和孩子要就这些元素进行深入的讨论与研习，在这个过程中培养孩子的交流与沟通能力，加深彼此对全球化的理解。

我认识的一个孩子今年被美国康奈尔大学历史专业录取了。他说："我对历史的兴趣，源于父亲对我的影响和培养。父亲会给我讲二战、美国内战等历史情节，看新闻时也会拉着我一起看，也经常会对我提问，让我用带有历史观的角度去思考他提出的问题。"在这种文化熏陶中成长起来的孩子，即使有朝一日面临文明的冲突与裂变，也会以宽广的胸襟与视野，游刃有余地化解各类难题。

策划并实现这些有意义的家庭活动并不昂贵，但现在不去做，后果或许是未来承受不起的。

培养“斜杠青年”：鼓励孩子参与世界

孩子的世界会一天一天变大，从父母精心构建的舒适家庭，逐步走向世界。父母要鼓励孩子参与世界，有条件的时候帮助孩子走出去。

我们这一代人走出去参与世界的方式很少，主要是出国留学或者进行国际访学。但今天的孩子通过互联网就与世界建立起联结。

《连线》杂志的创始主编凯文·凯利曾将人类与文化载体的依附关系分为“言语之民”（文化来自口口相传）、“书籍之民”（从五百年前古登堡发明活字印刷术算起）以及如今的“屏幕之民”。他举例说：一位朋友的女儿从小就习惯了在手机和平板电脑上指指点点，某天这位朋友将一张打印好的照片放在桌上，女孩走上前去，数次尝试将它拉大，未遂，于是对父亲说：“它坏了。”

在技术发展带领的数字化时代，数字化是与全球化并列的两大关键词，未来的一代将同时兼具数字化与全球化的特点。因此，父母可以不出家门，跟孩子一起通过线上学习培养全球意识，然后在真实生活中引导、鼓励孩子参与、行动。

当然，真实的情境体验也不可缺位。“PISA 之父”、经合组织教育与技能司司长安德烈亚斯·施莱克尔 14 岁就开始在德国国家少年交响乐团中参与演奏。他说：“通过音乐，我开始逐渐认识世界，我可以和来自不同国家的孩子们演奏音乐，这个经历不是严格意义上的学业学习，但它帮助我打开了与新的国家、文化、事务和人们交流的大门。”在全球化背景下，孩子们日常就生活在地球村里，有可能接触到来自不同国家的人与事，可以找机会适时参与。

英国教育专家托马斯·海顿曾讲过他的间隔年故事：“高中毕业后上大学之前，我选择过一个间隔年，这是对我成长最重要的事情。”这一年，他先找了一份全职工作——在超市切奶酪、卖奶酪，然后用剩下的时间和赚到的钱环游欧洲。在工作和旅途中，他更深入地了解英国，并认识来自世界各国的人，了解他们的国家，也变得更加独立。他特别谈到父母的鼓励，并称是“从父母那里收到的最棒的礼物”。

全球胜任力特别强调有着不同文化背景的人如何了解对方、设法理解对方的不同观点，从而进行开放、得体、有效的交流互动，然后将所学用于为可持续发展和人类的集体福祉采取建设性行动。未来的优秀人才往往是多才多艺、具备跨学科能力的“斜杠青年”，他们带着自己的文化根基参与世界，能有效地结合所学知识进行批判性思维，对国际性或跨文化问题形成有自己见地的观点。

孩子如果在家庭中培养起全球胜任力基础，拥有全球视野、心态开放包容，具备独立思考能力，他走进学校就会更开放地学习，长大以后才会成为一个具有同理心、跨文化理解能力的全球公民。

二　家长这样做孩子成绩好

当孩子的成绩不太理想时，很多家长会因此而苦恼，怎样做才能让孩子爱上学习、学会学习呢？学习的道理都是相通的，无数孩子用他们的成功故事证明了：家长在孩子学习的道路上扮演着不可或缺的角色——发现者、培养者、参与者，更是激励孩子勇敢前行的引导者和陪伴者。

发现者：主动挖掘孩子的潜能

2013 年 1 月，一则“熟练掌握 4 门外语的 12 岁少年想环游世界”的消息在网上不胫而走。这个名叫杨宇烨的少年 10 岁时就获得了新概念英语大赛全国总决赛冠军，同时通过了全国英语等级考试四级考试，更令人称奇的是他还熟练掌握了法语、意大利语、日语。

杨宇烨上幼儿园小班时，一次和父亲逛街，无意间听到街边反复播放的英语。独特的声音仿佛有一种磁力，深深地吸引了他。细心的杨爸爸发现了儿子对英语的兴趣后，当即买下碟片，每天坚持和孩子一起听。3 岁时，杨宇烨便掌握了碟片中所有的英语。

小孩子学英语是源于内心最纯真、最原始的动机：对英语学习的好奇心和探索欲望。一旦产生兴趣，不用父母“威逼利诱”，就会像玩游戏一样沉迷其中。

每个孩子都能成为英语天才，父母们要做一个“发现者”，把握正确的时机唤起他们学习的兴趣和

家长的角色：发现者、培养者、参与者、陪伴者、引导者

渴望，学习就成功了一半。

培养者：培养学习习惯至关重要

去年在一次家长交流会上一位妈妈说，她女儿对英语的兴趣始于 4 岁。有一天电视屏幕上播放一首英文儿歌，平时活泼好动的女儿突然安静了，盯着屏幕一动不动。歌曲播完了，女儿还要听。此后，她开始有意识地培养孩子学英语。

她们生活在一个小县城，那里的英语教育培训机构非常少，书店里很难买到英语原版书籍，街上也很难碰到外国人。为了给孩子营造学习英语的氛围，她先从英语动画片和儿童节目入手，激发孩子对英语学习的兴趣。跟孩子约定，把英语动画片或儿童节目作为一种奖励，每天只能看一集。如果孩子觉得不够，她会将视频转换成音频，让孩子继续听。平时和孩子玩游戏时也会鼓励孩子模仿动画片里的场景用英语表达。

当孩子有了一定的词汇积累后，这位妈妈又开始让孩子英文阅读。她给女儿挑选的启蒙读物分为两类：一类是原版绘本，另一类是分级读物和桥梁书。绘本往往以故事为中心，图画精美，用词简单。阅读绘本巩固孩子阅读英语的兴趣，分级读物和桥梁书则是循序渐进地提高阅读难度，让孩子获得更多语言学习的成就感。

如今小姑娘已经上小学三年级，英语水平远远超过同龄人，可以娴熟地和外国人聊莎士比亚戏剧、读原版英文书、写英文诗歌。

参与者：激发孩子学习动力

如何让孩子持续保持对英语的兴趣，激发学习的内在驱动力？家长的适度参与尤为重要。2014 年 12 月，上海市格致中学一名叫李书言的学生用 4 个月的时间拿到了在美国有“南哈佛”之称的埃默里大学的提前录取通知书，这与她出色的英语能力是分不开的。

李书言的英语功底很大程度上得益于中学时期妈妈的影响。每天晚上，女儿在一张桌子前做作业，当高中英语老师的妈妈则在女儿房间另一张桌子前备课。妈妈创造的学习氛围感动了李书言，她专心投入到学习中，成绩很快冲了上去。为了提高她的英语成绩，李书言妈妈经常让她复述英语故事。每听完外国经典作品中一段精彩内容、一个故事，李书言都会自己回忆其中的精彩句子、动人细节，复述给妈妈听。

在孩子学习英语的过程中，家长适度参与，发现孩子的兴趣，并想办法把这种兴趣转化为学习内在驱动力，让孩子在不知不觉中实现了英语能力的飞跃。

引导者：第一导师起好带头作用

小学四年级，拿下全国英语演讲比赛小学组全国冠军；12 岁时，出版英文科幻小说《时空穿越者》；拍摄英语新闻纪录片……这是 14 岁的上海男孩张洲晨的英语学习成绩单。

张洲晨对英文学习的兴趣源于 5 岁时看的电影《冰河世纪 3：恐龙的黎明》。后来他又渐渐迷恋上了 BBC 纪录片《恐龙星球》，反反复复看了好几遍原声版电影。当能够大段背下电影中的台词之后，他饶有兴趣地开始创作关于恐龙的英文故事，并从此爱上了英语。

从张洲晨开始写作英文起，他的父母都会认真保存他的每一份“作品”。父母还经常带他去国外一些风貌独特的地质公园游玩，在大自然中寻找创作的灵感。旅行中，一家三口会进行“家庭写作大赛”，写的最长最好的“作品”成为家庭游记的末尾压轴文章。在父母的激励和诱导下，每次旅行下来，张洲晨的游记都会汇成厚厚一本书，英语水平也由此突飞猛进。当张洲晨的英语水平达到“托福裸考过关”后，父母又开始鼓励他做英语新闻小视频。

写旅行游记、做新闻视频……父母一些看似无心之举，却成为张洲晨英语学习的突破点，引导着他不显山露水地完成英语学习的“闯关”、进阶。

陪伴者：陪跑而不是看客

新航道有这样一位家长，2013 年她的女儿到加拿大读八年级，后来又转到美国读十年级，留学 3 年时间这个女孩学会了四种语言，所有的成绩几乎全都是 A，到美国以后又学了西班牙语和 AP 美国历史，还有 AP 英语文学等最具挑战性的课程。

女儿如此优秀，作为妈妈也不能落后。这位妈妈一方面抓住一切机会学英语，用英语保持跟女儿学习和生活上的无障碍；另一方面积极参加女儿学校里所有志愿者活动，每一场都没有落下。为了让转学到美国的女儿能够继续练习法语，她自己买了几本幼儿少儿读本，还有音频资料进行学习模仿，背了几千个法语单词，现在她已经基本能用法语和女儿进行简单的交流。

这么大年纪了为什么还要继续学习？这位妈妈说："在陪伴孩子向前奔跑的过程中，我不想做一个高高在上的驱使者、鞭策者，也不想只做一个督导者和看客，我要求自己是一个陪跑者，在陪跑的过程中，我更能够深度理解、体会孩子的苦与乐，会更加珍惜她点点滴滴的进步。"

你希望孩子成为什么样的人，你自己先成为那样的人：希望孩子喜欢读书，你先拿起书开始阅读；希望孩子喜欢运动，你带着他去爬山、打球，自己保持健身的习惯；希望将来孩子懂得如何爱人、家庭美满，你先好好地关爱自己所爱的人……如果每一位父母都能永葆学习的热情，始终在追求自己梦想的路上努力前行，他们便是孩子最崇拜和信任的榜样。

三　用对方法，让孩子爱上英语

中国是世界上学习英语人数最多的国家。目前，英语课已覆盖到我国小学、中学、大学所有学历教育体系中。特别是在中学阶段，英语作为中高考的必考科目，在孩子升学成绩占据相当大的比重，受到家长的高度重视。

与此同时，随着中国国际地位的提升，对外经贸合作、文化交流的频繁，英语在人们生活中发挥着越来越重要的作用，英语语言能力已被确认为新一代青少年的一项重要能力。在留学低龄化浪潮的推动下，中国学生英语学习的年龄不断前移。然而，我们也看到，很多家长由于对英语学习的认识不足以及缺乏科学的规划，导致孩子英语学习效果并不理想。家长投入了大量时间和金钱，孩子的英语水平仍在低层次徘徊。“英语学习中家长应该承担怎样的角色”成为我们需要正视和解决的问题。只有当家长充分认识到英语学习的规律以及家庭教育对孩子成长的影响，才能找准自己在孩子学习中的定位，用正确的方法教育孩子，让他们爱上英语，真正学会使用英语。

掌握规律找准时机。每一位关心孩子英语学习、渴望孩子成功的家长几乎都有这样一种困惑：孩子什么时候学英语最合适？有的家长抱着“不能让孩子输在起跑线上”的想法，从三岁起，就开始让孩子学习英语。甚至孩子还未出生，自己就开始听各种英文歌曲，对孩子展开英语胎教。有的家长则紧跟体制内英语教育的步伐，让孩子从小学三年级，也就是 8 岁左右按部就班地学英语，还有的家长则对孩子的英语学习没有任何规划，自始至终抱着一种“放养”态度，认为孩子还小，初中完了，高中可以继续学，甚至大学再学也不迟。

对中国学生而言，6—18 岁的青少年时期是学英语的黄金时期。一般而言，孩子的年龄越小，语言可塑性越强，越能接纳和吸收另一种语言以及语言背后的文化，语言水平越能达到本族语者（native speaker）的水平，这样学习起来自然不会像成人那样感到吃力乏味。二语习得的相关研究表明，4—7岁时孩子掌握语音语调、学会词汇搭配的关键期，而从出生到 10 岁左右是孩子掌握词汇和句法的最佳时期。在关键期内学一种语言，无论是在语音语调还是在词汇和语法方面，最终都比成人英语学习者更容易达到本族语者的水平。

作为家长，应该了解语言学习的特殊性，善于找到合适的时机为孩子开启语言学习之门。在语言学习中，每个孩子都可能成为英语天才，父母们要做一个“发现者”，把握正确的时机唤起他们学习英语的兴趣和渴望。

发现兴趣激发潜能。兴趣是最好的老师，也是激励孩子主动学习、探索未知，勇于挑战最大的动力。作为家长应当有敏锐地观察力和正确的分析能力，善于在日常生活中观察子女的一言一行，善于捕捉各种信息，作出正确的判断，以便做到有的放矢，因材施教。

很多家长觉得孩子英语学不好，是因为没有好的外部条件。实际上，很多三四线城市的孩子，没有英语培训班，没有外教，一样学得好，一样可以练成英语达人。学习的关键还在于能不能激发孩子英语学习的内在驱 动力。

家长们或许有过这样的经历，孩子 5、6 岁时会突然对英语歌曲、英语动画片感兴趣，看过一遍后就会模仿其中的语音语调，惟妙惟肖地表演。如果有心的家长，会注意到孩子的对语言学习的这种兴趣，开始有意识地创造一种英语的氛围，培养孩子的英语语音意识。

对于几岁的小孩子，他们不会像大人那样急功近利，学英语不是为了考高分，评职称，而是源于内心最纯真、最原始的动机：对英语学习的好奇心和探索欲望。一旦孩子对英语产生兴趣，不用父母“威逼利诱”，就会像玩游戏一样沉迷其中。而这时，作为父母的责任，不应该简单应付孩子表现出的爱好，而是主动发现孩子的兴趣，分析其素质优势，找到科学的方法，激发出孩子的潜能。

明确目标规划先行。当代父母大多是 70 后、80

后，他们中许多人接受过高等教育，甚至不少有海外留学经历，对孩子的教育非常重视，也对孩子未来发展寄予更高的期望。这一点在英语学习上表现得尤为明显，很多家长很早就开始对孩子的英语启蒙，孩子两三岁时每天给他听英文歌曲，读英文绘本，给孩子创造一种浸泡式的英语学习环境。实际上，英语学习并非如此简单。

学习是由内部的学习动机和外部的学习动机共同发生作用而促成的。家长发现孩子对英语的兴趣，用听英语歌、看英语故事等方法来启蒙，只是激发了孩子的外部学习动机，一般来说，外部学习动机的作用较弱而短暂。真正要实现学习从量变到质变，更重要的是激发孩子的内部学习动机，这才是学习最持久、强烈的动力。

什么是内部学习动机？内部学习动机是由已有知识与希望掌握但尚未掌握的知识之间存在距离所引发的，是主体的好奇动机。通俗地理解来说，就是学习的规划和目标。做任何事情，但凡没有目标、缺少计划，或者目标失准，计划不当都会容易导致失败。

那么，孩子学英语的最终目的和用途是什么？是为了高考、出国？还是为了以后能找一个好工作，求职晋升？答案远非如此简单。

2011年教育部新颁布的《普通高中英语课程标准》义务教育指出："在义务教育阶段开设英语课程对青少年的未来发展具有重要意义。学习英语不仅有利于他们更好地了解世界，学习先进的科学文化知识，传播中国文化，增进他们与各国青少年的相互沟通和理解，还能为他们提供更多的接受教育和职业发展的机会。学习英语能帮助他们形成开放、包容的性格，发展跨文化交流的意识与能力，促进思维发展，形成正确的人生观、价值观和良好的人文素养。学习英语能够为学生未来参与知识创新和科技创新储备能力，也能为他们未来更好地适应世界多极化、经济全球化以及信息化奠定基础。"世界的飞速发展对人才素质提出了更高的要求，学英语绝不仅仅是为了满足最基本的生存需要，也不是为了通过某次考试，而是为了夯实自己的英语能力，使自己成为适应未来社会需求的人才。

科学培养方法得当。6-16岁的孩子可塑性强，但自控能力差，很容易受到外界因素的影响而分散注意力。一旦遇到挫折或失败，或者遇到枯燥乏味的教学内容或教学形式，他们很容易对英语学习失去兴趣。因此，作为家长要充分考虑孩子的心理特征和不同年龄的认知特点，利用科学的方法培养孩子的英语学习。

通过几十年的英语学习和教育实践，我总结出了一条英语学习定律："许三多"定律，即英语学习质量和学习效果取决于学习过程，英语学习过程必须注重"许三多"。具体为：

"许"：就是许诺一定会把英语学好。要求孩子在学校里跟老师许诺，在家里跟家长许诺，更重要的是跟自己许诺，通过积极的自我心理暗示，坚定学好英语的决心，抱着一种主动学习的心态，每天以最佳的战斗状态投入到英语学习中。

"三多"：多接触、多模仿、多练习。

多接触。英语学习要注重输入（input）。多接触主要把握三点：第一，听和读并重，两条输入渠道同时打通。第二，坚持循序渐进的原则，刚开始接触英语一定要从简单材料入手，家长可以先从英文儿歌、英文动画片等切入，培养孩子学习英语的兴趣，切忌贪多求快。第三，注重输入的质。家长要为孩子选择正规的英语学习素材，保证听到和读到的英语必须是标准英语（Standard English），而不是中式英语（Chinglish）。

多模仿。一般来说，孩子模仿能力强，敢于开口，所以家长要充分发挥孩子的这一优势，不仅要鼓励孩子一遍遍模仿地道的语音语调，而且要背诵大量优美的英文段落，仔细研习英语范文的写作技巧，大胆仿写英语句式结构。模仿不是机械地模仿，而是要做到活学活用。

多练习。所谓多练习，即英语不能光靠演练，而必须有实战，在反复实践、练习中掌握真正的英语技能。只有把平时背诵的名言佳句、模仿过的语言创造性运用到实践中去，才能培养起一种真正的英语能力。

结合“许三多”定律，家长在日常生活中可以有意识地对孩子英语学习进行指导。孩子学习能力的培养，远比学习知识重要，教育孩子从小学会学习，会学习英语，不仅能提升自信、收获成功，更能不断完善知识结构，拓展学习能力。

保持兴趣养成习惯。王国维在《人间词话》中提到，“古今之成大事业、大学问者，必经过三种之境界：‘昨夜西风凋碧树。独上高楼，望尽天涯路。’此第一境也；‘衣带渐宽终不悔，为伊消得人憔悴。’此第二境也；‘众里寻他千百度，回头蓦见，那人正在，灯火阑珊处。’此第三境也。”英语学习想获得成功，同样需要经历这三重境界。

当家长带领着孩子一路跌跌撞撞闯入英语世界时，初识英语的新鲜、好奇很快就会被冲淡，取而代之的是大量重复的练习，记单词、背语法、读课文……枯燥的训练可能会削减孩子对英语的兴趣，对学习目标产生动摇。而这个时候，如果家长不适当参与引导，给予孩子一些支持的方法，孩子很容易失去对英语学习的信心，再想实现英语学习的突破就很难了。我在与很多家长学生交流时发现，家长在对待子女英语学习问题上普遍存在规划性不足，缺乏有效的教育方法等问题：很多家庭缺乏英语学习氛围，大部分家长们没有在家里听、读英语的习惯，也不会在家里创设英语学习环境；家长把孩子送到学校后就当上了甩手掌柜，认为孩子的学习成绩好不好全靠老师；学生放学后或周末假期时，在家不会主动去学习英语，即使学了，也是为了完成任务而学……想要孩子保持英语学习的兴趣，家长也要积极参与到孩子教育中，一方面多鼓励、多关心，及时了解孩子学习情况，取得进步适当表扬，遇到挫折也不要一味打骂，和孩子一起分析问题找到解决办法；另一方面，作为家长也要以身作则，用自己的行为来影响孩子。父母做事的态度和坚持性会间接灌输给孩子，如果父母做事都是三天打渔两天晒网，这样是很难培养出有恒心的孩子。

著名教育家叶圣陶曾说过“教育就是培养习惯”。在少年儿童学习英语的过程中，注重良好的学习习惯培养，比让他们多学到一些知识或得到好的分数还要重要得多。

陪伴是最好的教育。在家庭教育中有一个理念经常被引用：“陪伴是最好的教育。”现代社会中家庭教育的重要性越来越凸显，很多家长也开始意识到陪伴对孩子成长所起到的重要作用。美国教育学者曾做过一项调查显示，促使孩子在学习能力测试上得高分的重要因素不是智商、社会条件、经济地位，而是父母的陪伴。可见，在孩子成长过程中的很多非智力因素方面，是需要通过家长的言传身教来完成的。

英语学习亦是如此。孩子刚接触英语时，他们对英语学习表现出一定的积极性，但集中注意力的时间十分有限，很容易受到外界因素的影响而分散注意力。他们容易培养兴趣，也容易失去兴趣，如果遇到挫折或失败，或者遇到枯燥乏味的教学内容或教学形式，很容易失去对英语学习的动力。这时候，父母持续的支持和鼓励显得尤为重要。

英语学习没有捷径，也绝对不能靠一蹴而就，需要建立在大量实践练习基础上。少年儿童由于其身心发展的特殊性，在英语学习中，他们不像成人那样善于把握语言的系统和规律，也缺乏独立学习的能力。作为父母，更应该积极参与到孩子的英语学习中。

鼓励为主善用方法。家长该如何陪伴孩子英语学习？很多家长把陪孩子学习误解为在旁边 看着孩子学习，或者是全面监督孩子的学习。一旦发现孩子注意力不集中，或出现错误，就大声呵斥，孰不知这样给孩子心理造成了很大的压力，久而久之，孩子很容易失去对英语学习的兴趣，甚至产生厌学的情绪。心理学著名的“皮格玛利翁效应”（又称“罗森塔尔效应”或“期待效应”）给我们启示：赞美、信任和期待具有一种能量，它能改变人的行为。父母要多给予孩子赞美、信任等积极期待，让孩子感觉到你的支持，从而增强自我价值认同，变得自信、自尊，获得一种积极向上的动力，并尽力达到对方的期待。

这一效应同样适用到英语学习中。遵循这一规律，父母可以结合孩子的学习特点设定相应的英语学习目标，从培养兴趣入手，通过多种方式不断激励孩子。比如，父母们可以邀请孩子给自己当英语小老师，使孩子获得一种成就感，增强他们学习的自信心；在日常生活中鼓励孩子多使用英语，外出旅游时主动与外国人交流，看到外语标识主动了解其含义等；还可以借助新的技术手段，如英语配音软件、记单词软件等，和孩子进行 PK，用竞赛的方式激发孩子对英语学习的热情。当孩子以愉快的心情投入到学习中，并不断获得赞美、肯定和期待时，他们学习的积极性也会相应提高，最终实现学习能力的突破。

需要注意的是，每个孩子的接受能力、知识储备、兴趣爱好不尽相同，家长在陪伴孩子英语学习的过程中，一定要从实际情况出发，尊重儿童学习的规律，切忌拿自己孩子去跟别的孩子盲目做比较。不要看到别的孩子能流利地用英语和外国人交流了，而自己孩子连一句完整的句子都说不出，就去抱怨、批评孩子学习不努力。孩子的成长就是一个“静待花开”的过程，作为父母，要有足够耐心和恒心，要相信孩子。只有当孩子的自我意识被激励和认可时，他的潜能和责任感才能被唤醒，家长要经常向孩子表达这样的信息：“我们相信你，坚持下去，爸爸妈妈在旁边支持你，陪伴你！”

用学习来引领学习。英语学习是一个长期的过程，需要持之以恒的坚持。随着孩子学习的深入，一些问题也会暴露出来。虽然英语学习不以成败论“英雄”，但我们总能听到一些家长抱怨自己孩子没有语言天赋，或是看到一些孩子因为在英语学习上遇到一点困难就中途放弃。其实，英语学习的道路上只要每位家长用心观察，一定会发现孩子的语言天赋；即便孩子的语言天赋没有凸显出来，只要我们善加引导，让孩子其他方面的天赋和兴趣跟英语学习发生碰撞，孩子的英语学习也会成功一半。

世界上没有两片完全相同的树叶，每一个孩子都有自己独特的个性特征、兴趣爱好、天赋和弱点。作为家长，也应该主动去了解孩子，找到适合孩子个性特点的学习方法，并针对性制定出明确的学习目标。家庭教育中最大的误区是“重教子轻自修”，有的家长只会要求孩子好好学习，自己却懒惰散漫，不思进取；有的家长认为孩子学习主要靠老师优秀，放松了对自己的要求……学习的过程从来都不是轻松的，家长也应该与孩子共同成长，一起进步。当孩子出现懈怠、放弃的想法时，作为家长一定要做孩子坚定的引导者，不断变换方法引导孩子坚持走下去，想办法和他共同克服困难，共渡难关。

我们所处的这个时代，正是知识大爆炸的时代，科学技术日新月异，各种知识不断迭代更新，人们获取知识的渠道早已不再局限于书本和课堂，作为家长，也应顺应时代的变化，学习家庭教育的科学理念与知识，不断提高自身素养，成为一名学习型父母，成为孩子日常生活中潜移默化的行为示范。

英语学习之路漫漫，成功只属于那些勤奋努力，用执着和坚持一次次突破自我的人。智慧的家长，一定是善于发现和规划的父母，他们能敏锐地捕捉到孩子对英语学习的兴趣，引导和激励他们探索未知的热情；当孩子学习遇到困难和挫折的时候，能与他们一起面对并找到解决的办法；更重要的是，他们自己也是一个学习者，在和孩子共同学习成长中，提供指引树立榜样。

作为孩子学习之路的见证人，希望家长们都担负起发现者、培养者、参与者、陪伴者、引导者这五重角色，用爱和智慧搭建起孩子成长坚实的阶梯，为孩子拥有终身学习能力打下坚实基础。

四　超凡的英语能力是通往未来的必要能力

在我们日益国际化的今天，“00后”们有旺盛的好奇心，想要去探索世界，这固然很好。但前提是，你需要具备与国际接轨的能力。英语，不仅是一种语言，更是联结我们和世界的桥梁。想要走向世界，前提是学好英语。

在我学习英语的年代，因为条件不具备，只能通过翻阅字典、背语法书、听英语广播等这样传统的方法来学习。而如今的学子，拜时代所赐，学习英语的方式比我们当年要丰富太多。

比如，你可以通过看外语大片和美剧，练习听力，模仿发音，其中很多经典台词，还可以背下来，用于自己的写作或对话当中。既放松了自己，又把英语学了，可谓一举多得。像《敦刻尔克》《水形物语》等奥斯卡获奖影片都可以作为英语学习的上佳素材。

你可以多收听或收看BBC、VOA、TED演讲。听BBC可以了解国内外的热点新闻事件。TED的许多演讲内容思想都很深刻，常常能够给人启发。最近有一个非常火的综艺节目，叫《声临其境》，韩雪在节目里为《海绵宝宝》和《泰坦尼克号》配音，英文发音相当地道，让观众击节赞叹。其实在此之前，我就在一个 TED 视频里对韩雪“路转粉”了。那是一个 15 分钟的全英文演讲，主题是 Being a positive pessimist（悲观主义者的积极人生），她的表现令人刮目相看。

学好英语，还会给我们的生活带来很多意想不到的惊喜。我们新航道有一位学员叫王卉卉，她成功登顶了珠穆朗玛峰。要知道，迄今为止，能够享受到站在海拔 8844 米的珠峰峰顶，体验“一览众山小”快感的人，在全球范围内也寥寥无几。一位看起来柔柔弱弱的小女生是怎么做到的呢？除了良好的身体素质，还有一个非常重要的因素，就是英语好。为什么这么说呢？想登顶珠峰，必须由专业的“夏尔巴”向导带领。这些向导都是尼泊尔人，只能通过英语跟他们交流。如果英语水平低，词不达意，很可能会在险象环生的攀登过程中害了自己。为此，王卉卉特地来新航道加强了英语，尤其是口语水平，而这恰恰为她成功登顶奠定了基础。

其实，我们的人生也像是攀登山峰，只有不断向上，站得更高，才能看得更远。英语，就像是一根登山杖，有了它，你爬起山来，会轻松许多。愿你们都能领略峰顶的奇景，拥有精彩人生。

2018 年 11 月 5 日，上海的“四叶草”场馆内流光溢彩，首届中国国际进口博览会在中国国家会展中心盛大开幕。“相通则共进，相闭则各退。”开幕式上的主旨演讲，掷地有声，发人深省。随着经济全球化、文化多元化、社会信息化的发展，年轻一代想要走出国门一展宏图，英语能力起着至关重要的作用。关于大学英语学习，我想送给青少年们三句话。

英语不再是奢侈品，而是必需品

2010 年第六次人口普查的数据显示，在一线城市北上广深，每 200 个人中就有一位是外国人。到 2030 年，这一比例或达到 100 : 1，甚至更高。这意味着你未来的同事、领导、朋友……很可能来自不同国家，有着不同的语言和文化背景。

这里我要特别提到的是日本。20 世纪末，原本经济十分发达的日本出现了经济下滑现象，后来他们探讨问题所在，发现闭关自守导致对外交流沟通受阻，那时他们就意识到，危机时代来了。随后，日本出台了一个非常重要的国家战略：培养真正能够使用英语的日本人。

现在，日本和韩国的大学生、初入职场的年轻人每两年就会自发地去考一种叫“托业”的考试，因为很多企业要求他们在求职时出示能代表其英语水平的证书。

2018 年诺贝尔生理学或医学奖由美国的詹姆斯·艾利森和日本的本庶佑共同获得，以表彰他们在肿瘤免疫疗法中的卓越贡献。这是进入 21 世纪以来，日本获得的第 18 个诺贝尔奖。

同样是非英语国家，日本为何“量产”诺贝尔奖？一个不可忽视的因素就是翻译学的发达。实际上，日本的一些诺贝尔奖获得者是不懂英语的，他们之所以能够从世界上最新锐最顶尖的科研成果中汲取养分，得益于日本发达的翻译学。同时，翻译者也能及时地把日本的科研成果、文学著述翻译成英语，扩大其在世界范围内的影响力。

在美国，会说三种语言的人被称为 Triligual，会说两种语言的人被称为 Bilingual，而只会说一种语言的人，则被称作 American。很显然，近几年美国也出现了经济衰退的现象。他们已经深刻意识到国民外语素质太差的问题，深思熟虑之下想重整旗鼓再出发，必须把语言上升到国家战略的高度，即 Language Strategy（语言战略），所以现在美国孩子从幼儿园就开始学外语。

大学生不应学习英语，而要用英语去学习

高中时学英语，是为了应对考试；到了大学，就不能只是天天刷题了。学习语言，要面对真实的语言现象，有思想有内涵有深度，有真知灼见，能切切实实为我所用，这样的教材会让学习者受到更多启迪。

“如果你用别人能理解的语言与对方谈话，那么谈话会进入对方的大脑。如果你用对方的语言与之谈话，那么谈话会进入对方的心里。”纳尔逊·曼德拉如是说。我的一个朋友在某市当领导，因为英语能力

很强，他给这座城市的经贸合作和对外交流创造了很多机会。出席会议，他从不带翻译，也不需要同声传译。在很多重大的国际交流会议上，听国际友人娓娓道来，他时而点点头，时而微微一笑，通过体态语言，外国友人就已经了解了他的态度、看法、主张，谈起合作来也更加便利，因此促成了很多国际合作。这种心灵的桥梁就是靠语言搭建起来的！

西南联大被誉为“中国教育史上的珠穆朗玛峰”，杨振宁、李政道、邓稼先、屠守锷、李赋宁、许渊冲……在各个领域取得突出成就的许多名家和大家，都曾是西南联大的学生。我到西宁出差，在西宁机场书店看到《西南联大英文课》教材，我明白了为什么西南联大能培养出这么多优秀的世界级人物。

这本书是西南联大大一学生的英文课本。“全书共收录四十三篇课文，涉及文学、教育学、政治学、哲学等。所选英文文章，必出自大家之手，如毛姆、赛珍珠、兰姆、梭罗、爱伦·坡、罗素等，其中不乏中国的作者，如胡适、林语堂。这些文章不仅语言优美，更重要的是，它们充满了深邃的思想、睿智的对话和审美的体验。”原书序中如是说。

试想，如果每一位同学在迈入大学校门的时候，都能够使用这样有深度的教材，又怎会因为英语而头疼不已呢？

像学汉语一样学英语

汉语是世界上使用人数最多的语言，而英语则是世界上使用范围最广的语言。两者在学习方法和技巧上，自然有相通之处。“熟读唐诗三百首，不会作诗也会吟。”高分学霸也好，文学大师也罢，都是在大量输入之后，才将细流汇聚成大海，写出了动人心弦的华章佳句。

习总书记的首席翻译叫孙宁，这位 80 后翻译男神，是如何将自己的英语修炼到炉火纯青的地步呢？孙宁在《我的英语学习历程》中，揭晓了答案。他开始接触英语是在小学五年级，但那时他的英语很一般，经历过在黑板前吭哧了半天，都没能将 umbrella 这个单词拼写出来的窘境。所幸，凭借着优异的语文成绩，他成功考入了南京外国语学校。以英语见长的南外高手云集，他感到羞愧的同时，也激发出了学习的动力。

“如果就此以为学英语有捷径，那就错了。有的办法虽然‘笨’，只要持之以恒就一定有效果。”孙宁如是说。在他看来，学习英语的有效方法有三个：第一，听录音；第二，抄句型；第三，默读。甚至，他曾经有个习惯，就是每一篇听力材料，都要听够三十遍，才会翻篇。

“不谋万世者，不足谋一时；不谋全局者，不足谋一域。”你的格局决定着你的未来！从表面上看，提升英语能力只是大学四年中一个小小的环节，是构成大学四年的一小部分。但实际上，它却对助力你在未来绽放光芒，至关重要，不可或缺。

五　一个诀窍：十遍阅读法，撷取语言精华

对于英语学习者而言，阅读中存在着诸多问题。为了应对各种考试而阅读者有之，这些人仅仅满足于在客观题的四个选项中找对答案，有时连自己也不清楚究竟学到了什么。单纯为了学习而阅读者有之，遗

憾的是，为数众多的人往往饱受阅读之苦，而享受阅读乐趣、从阅读中获益者少之又少。

其原因何在？不同的人或许有不同的情况。有些人缺乏目的，对任何英语材料只是简单地浏览，浮光掠影，浅尝辄止，仅此而已，尽管对阅读常有接触，但感觉仍所获寥寥。

另有些人阅读方法不当。他们每读一篇文章，逢词必查，结果读书的过程完全演变成查词典的过程，文章读得支离破碎，索然寡味，趣味尽失，即使回头重读，也是简单重复，没有更大的收获，就像希腊神话中的西西弗斯，竭尽全力推巨石上山，但永远做的是周而复始、徒劳无益的工作。许多人因此感到，与其如此，还不如去背词典来得直接。这种阅读方式既苦不堪言，也无法坚持下去。

有人提倡整篇英语文章的背诵，一二百词的短小篇目倒是不在话下，但稍长一些就无能为力了。况且，不以理解为基础的记忆最终也无济于事。

成功的阅读首先在于材料的挑选。应该明白，英语阅读不应过于随意，要有一定的选择性。

其重要标准有两条：一是时代性，最好阅读当代的英语文章。语言随着时代的发展处于不断地变化更新之中，真正学好英语就要跟上英语语言发展的脚步。

二是难度适中，如果语言过于艰涩，会严重影响阅读的正常进程，文字过于简单，则失去学习的目的。

It pays to read actively, intelligently and selectively.（积极、聪明、有选择地阅读不吃亏。）学习者可以利用各种资源，自选文章，自编阅读教材。文章应以英语时文为主，如报刊文章。因为时文所使用的语言具有时代特色，是鲜活的语言。

如果每周坚持阅读一篇，一年则可以积累成一册。有机会重拾再读，温故知新。只有创造机会接触当代英语（expose yourself to contemporary English），学习才真正具有价值。

阅读只有目的明确才能读有所获。英语阅读其目的何在？如果把英语阅读仅仅当作取得信息的渠道，则远远没有发挥其潜在的巨大功能。如果学习者把阅读更多地看成学习英语语言的手段，则阅读所产生的效果将大为不同。

应该说，What we profit from reading is more than reading.（阅读所得远远超出阅读本身。）学习者应处理好语言输入和输出的关系。

众所周知，输入是输出的基础，没有足够的输入，就不可能有流畅的输出。阅读是英语输入最重要的环节。如果能加以有效开发和利用，则可以直接促进和突破英语表达和翻译等语言输出环节。果真如此，学好英语指日可待。

To make the best use of reading is to make reading part of you.（充分利用阅读就是使阅读成为你的一部分。）如何使阅读充分为我所用，内化为自己的语言知识和技能，是英语学习者普遍存在的困惑。

为此我愿意向广大英语学习者强烈推介一种全新的阅读理念：英语十遍阅读法，旨在帮助大家找准英语学习的切入点，走出英语阅读的困境，实现从理解到表达的飞跃。

这种阅读方法可以有效地把培养阅读技能和获取语言知识相结合，把阅读理解和英语表达相联系，从而以阅读为手段，取得最大的学习效果，其意义超越了阅读本身。

总体说来，十遍阅读法可以分为五个层次，每一遍都有极强的目的性，都有各自的侧重点。第一遍阅读重在训练阅读速度和理解能力；第二到第五遍从词语角度学习文章；第六到第七遍从句子层面进行突破；第八遍着重研究段落；最后两遍的阅读在篇章方面总体把握文章。

下面以 *Self-Help Pioneer Dale Carnegie* 这篇文章作为范例，阐述十遍阅读法的具体运用。

Self-Help Pioneer Dale Carnegie

He Won Friends And Influenced Many People

If ever there were a sad sack who needed the keep-your-chin-up advice of Dale Carnegie (1888-1955), it was Dale Carnegie.

Until he published How to Win Friends and Influence People in 1936, the founding guru of the self-help movement had failed at almost everything he'd ever tried, professionally and personally.

He never graduated from college. He tried

careers in farming, teaching, salesmanship, acting, journalism and novel writing; all flopped. His first marriage ended in a bitter divorce. He lost most of his savings in the stock market crash of 1929.

His failures often left him depressed. Once he was even suicidal. But his failures made him fascinated with successful people. What exactly did they do? What were their methods?

Carnegie decided it was simple self-confidence. All it needed was to be built up and constantly reinforced.

He studied the subject for years and later compiled his observations into his classic book about speaking and interacting with people.

That wasn' t easy for him, either. Carnegie was an intensely shy man who never completely overcame his own fear of public speaking.

Yet an estimated 50 million copies of his books have been sold in dozens of languages. His training courses continue to thrive nationwide, having taught more than 7 million people.

Success at self-help was something he had to work at hard and learn as much as anyone else.

Great Role Models

So he looked to those he most admired. His most famous books rely on quotations from and stories about Abe Lincoln, Benjamin Franklin and other wise figures.

"I realize now that healthy people don' t write books on health. It is the sick person who becomes interested in health. And in the same way, people who have a natural gift for diplomacy don' t write books on How to Win Friends and Influence People. The reason I wrote the book was because I have blundered so often myself that I began to study the subject for the good of my soul." Carnegie said in 1937.

At least 15 million copies of the book have been sold since then, making it one of the most purchased books of the 20th century.

Carnegie was born in rural Missouri. His real name was Dale Carnegie.

Despite rumors, he wasn' t related to steel magnate Andrew Carnegie.

He grew up in grinding poverty. He was painfully shy because of his shabby clothes and down-home ways.

"I worried for fear girls would laugh at me if I tipped my hat to them." he wrote in How to Stop Worrying and Start Living, his other bestseller.

The turning point in his life came when Carnegie encountered the Chautauqua movement. It was a late 19th century religious movement that prompted spiritual health through adult education.

Carnegie noticed the ability of the Chautauqua lecturers to enthrall crowds with their strong words. Carnegie began practicing, lecturing the livestock in his father' s barn for hours on the subjects of the day.

To test his public mettle, he then entered debate contests in school. The first time out, he lost. He lost the second time, too, and several other attempts after that.

But he kept trying, and after several attempts, he won. Other victories followed, and soon he built up enough confidence to hold forth on any topic.

Confronting Fears

Carnegie' s experience taught him that the only way to overcome fears was to confront them and not be discouraged by initial failures.

It was a lesson he needed.

Carnegie' s first jobs were as a traveling salesman. He sold everything from correspondence courses to hog lard. It was hard work, the hardest part being interacting with people and convincing them to buy his stuff. Those who could interact well succeeded more often than not, he noted.

It was the same thing with his brief acting career. Every night, he had to give the same performance to a new bunch of strangers– and make it convincing.

Journalism and novel writing were similar, above all, he had to make his audience interested in what he had to say.

That can' t be done if the person trying to do the convincing doesn' t believe what he' s saying. Self-confidence, he reasoned, was the key not just in these pursuits but also in everything else.

Eventually, he got a job at the YMCA teaching the one thing he knew he could do: public speaking.

The YMCA was hesitant about giving him the job. It didn' t think Carnegie' s course was worth the $2-a-night salary he requested. To persuade YMCA officials, he struck a deal to work on commission. Soon he was pulling in $30 a night.

The essence of Carnegie' s job was getting his students to confront their fears of public speaking. Night after night, he simply made his students talk.

"The way to develop self-confidence, he said, is to do the thing you fear to do and get a record of successful experiences behind you," wrote Lowell

Thomas, a friend of Carnegie′s, in the original introduction of How to Win Friends and Influence people.

Carnegie′s books evolved from the speaking courses he taught. He collected the tales, anecdotes and aphorisms he used in a single volume. He wrote them in part because there were no other books he could rely on.

第一遍阅读：通篇快速浏览，捕捉全文大意。第一遍阅读的目的在于获取文章的主要信息，提高阅读效率，所以在阅读过程中，要抛开词典，保持阅读的连贯性和完整性。我们可以用大致十分钟的时间完成该文章的快速阅读，捕捉内容大意。

这是一篇关于戴尔·卡耐基的成功历程的短文。他体验过早年事业和个人生活的种种挫折，找到成功人士成功的关键，即自信，然后自强不息，百折不回，克服自身性格中的弱点，逐步成为演讲教师，著书立说。

在这一遍阅读中，一定会遇到一些语言障碍，包括陌生的词汇和生疏的表达，但要尽量避免因词害义。总之，第一遍阅读的要点是忽略细节，着眼总体。对于语言障碍，可以根据上下文语境进行猜测和推断。对文章逐层深入的理解有待于后面的步骤。

第二遍阅读：归纳形容词与名词的搭配。二到五遍是从词的伙伴关系层面加以把握，超越传统的模式，即超越把单词作为孤立的语言单位进行记忆和学习的模式。在英语学习中，最有效的语言单位不是单词，而是由单词搭配而构成的词组、短语。

You don't truly know a word until you have a clear idea of its partnership.（弄清词的伙伴关系之前你是无法真正了解一个词的含义的。）学习者们之所以往往感到大量掌握单词之后仍然在口语和书面表达中不会灵活使用，根本原因就在于学习时忽略了词语之间内在的伙伴关系，没有掌握单词的具体用法。英文词语之间的搭配潜力无穷、灵活多变，只有留意观察，才能确实掌握，才能达到灵活运用的境界。否则，仅凭机械记忆，背下再多的单词也是徒劳。

英语中的形容词表意功能极强，而且数量丰富。一方面，同一个形容词往往可以修饰许多不同的名词，表达完全不同的含义，如 heavy，它的词义远不止“沉重的”，仅举几个搭配为例：heavy news（令人忧虑的消息），heavy fighting（激战），heavy demand（苛求），heavy fate（悲惨的命运），heavy schedule（排得很紧的日程表），heavy casualties（惨重的伤亡），heavy applause（热烈的鼓掌）等。

另一方面，不同的形容词可以修饰同一个名词，传达类似的含义，如表达“浓厚的兴趣”，习惯上 great，active，lively，deep，keen，intense，enormous 等都可以和 interest 构成搭配。如果在阅读中注意积累，必将极大地丰富我们的积极词汇。

下面是例文中关于形容词与名词的精彩搭配，如下：

① His first marriage ended in a bitter divorce.

bitter divorce：痛苦的离异

② He grew up in grinding poverty.

grinding poverty：极度贫困

③ He was painfully shy because of his shabby clothes and down-home ways.

shabby clothes：破破烂烂的衣服

down-home ways：土里土气的样子

④ Carnegie noticed the ability of the Chautauqua lecturers to enthrallcrowds with their strong words.

strong words：激昂的文字

第三遍阅读：总结动词与名词的搭配。动宾搭配明显地体现出英语约定俗成的特点，如同样表示“提高”，不同的名词和不同的动词互相匹配：develop a skill（提高技能），raise the standard（提高水平），enhance reputation（提高声誉）。此外，在英语的所有词性中，动词最为活跃，大量的动词具有强大的伙伴关系和组词功能，如 kill: kill time（消磨时间），kill pain（止痛），kill the cigarette（掐灭香烟），kill the resolution（撤销决议），kill a news story（搁置一则新闻报道）等。

现将本文中有关动词与名词的搭配总结如下。

① Carnegie decided it was simple self-confidence. All it needed was to bebuilt up and constantly reinforced.

build up and reinforce self-confidence：树立并增强自信

② He studied the subject for years and later compiled his observations into his classic book about speaking and interacting with people.

compile observations：将观察结果写成书

③ Carnegie was an intensely shy man who never completely overcame his own fear of public speaking.

overcome fear：克服恐惧

④ The turning point in his life came when Carnegie encountered the Chautauqua movement.

encounter the movement：偶然遇到这场运动

⑤It was a late 19th century religious movement that prompted spiritual health through adult education.

prompt spiritual health：促进精神健康

⑥ Carnegie noticed the ability of the Chautauqua lecturers to enthrall crowds with their strong words.

enthrall crowds：迷住听众，征服听众

⑦ To test his public mettle, he then entered debate contests in school. test sb.'s public mettle：考验某人面对公众的勇气

enter debate contests：参加辩论竞赛

⑧ To persuade YMCA officials, he struck a deal to work on commission.

strike a deal：达成协议

⑨ The essence of Carnegie's job was getting his students to confront their fears of public speaking.

confront one's fears：勇敢地面对恐惧

⑩ The way to develop self-confidence, he said, is to do the thing you fear to do ...

develop self-confidence：培养自信

第四遍阅读：总结大副词与动词、形容词的搭配使用。大副词主要指表示方式和程度的副词。英语学习者普遍不善于使用大副词。英语副词具有语意丰富的特点，副词的使用往往会使文字言简意赅，增强表达力度，试体会：follow willy-nilly（愿意也好不愿意也罢，只能照办），frighteningly evident（明显到令人吃惊的地步），可见学会把握这类词语的伙伴关系对提高英语表达能力意义有多么重大。

请注意例文中重要的相关搭配：

1. 动词 + 大副词

① ...the founding guru of the self-help movement had failed at almost everything he' d ever tried, professionally and personally.

fail professionally and personally：在做人和做事方面都未成功

② All it needed was to be built up and constantly reinforced.

constantly reinforce：不断增强

2. 形容词 + 大副词

① Carnegie was an intensely shy man ...

intensely shy：极为羞怯的

② He was painfully shy ...

painfully shy：令人难堪的腼腆

第五遍阅读：查找带介词的短语。介词在英语中的使用频率极高，因此英语被称为介词的语言。相比之下，汉语则少用介词。介词在词汇之间起着纽带的作用。大部分英语介词在实际应用中体现出约定俗成、固定搭配的特点，如 suburbs 和 outskirts 词义相近，但前者和 in 搭配，后者则和 on 搭配。介词是英语学习中的拦路虎，学习者在表达时经常出现误用的情况。将介词纳入阅读任务之一，在词语的伙伴关系中学习介词不仅非常必要，而且效果十分明显。

本篇英文中各类词性与介词的习惯搭配如下：

1. 动词 + 介词

① ...the founding guru of the self-help movement had failed at almost everything he'd ever tried, ...

fail at：在……方面失败

② His first marriage ended in a bitter divorce.

end in：以……告终

③ He studied the subject for years and later compiled his observations into his classic book about speaking and interacting with people.

interact with：和……交往

④ Success at self-help was something he had to work at hard ...

work at：对……下功夫，致力于

⑤ So he looked to those he most admired.

look to：依靠，指望

⑥ His most famous books rely on quotations... rely on：依赖

⑦ Carnegie's books evolved from the speaking courses he taught. evolve from：从……发展而成

2. 名词 + 介词（或介词 + 名词）

① Success at self-help was something he had to work at hard ...

success at：在……方面的成功

② He grew up in grinding poverty.

in poverty：在贫困之中

③ I worried for fear girls would laugh at me...

for fear：生怕

④ ..., he struck a deal to work on commission.

on commission：抽取佣金

⑤ He wrote them in part because there were no other books he could rely on.

in part：部分地

3. 形容词 + 介词

① Despite rumors, he wasn't related to steel magnate Andrew Carnegie.

related to：和……有亲缘关系的

② The YMCA was hesitant about giving him the job.

hesitant about：不情愿的

第六遍阅读：体会英文语序，注意英汉比较。语序分为词法和句法两个方面，英汉两种语言在这两个方面均存在显著差异。如在词法方面，几个形容词共同修饰同一个名词，英文有较严格的规定，一般规律是主观描述性的形容词在先，表明客观性质的形容词在后，体现出英文思维先主体，后客体的特点。

英汉词序错位的表达比比皆是，这是不同的语言表达习惯导致的结果，如 back and forth（来来回回），black and white（白纸黑字），flesh and blood（血肉之躯），joys and sorrows（苦乐悲喜），weal and woe（祸福甘苦）。在句法方面，英汉语序的差别更为明显，总体规律是，英语语义重心多在前，汉语语义重心常在后，比如定语从句要处于中心词之后，翻译成汉语则往往置于中心词之前。

现摘录文章中的一些典型表达，试比较英语与汉语的语序差异。

1. 词法方面

... the founding guru of the self-help movement had failed at almost everything he'd ever tried, professionally and personally.

比较：在做人和做事方面

2. 句法方面

① The turning point in his life came when Carnegie encountered the Chautauqua movement.

比较：当卡耐基偶然碰上肖托夸夏季教育集会运动，他人生的转折点出现了。

② That can't be done if the person trying to do the convincing doesn't believe what he's saying.

比较：如果劝说别人的人连自己说的话都不相信，你是无法打动人的。

第七遍阅读：研究句子开端，追求表达变化。优秀的英语句子错落有致，形式多变。写好英语句子，关键在于如何起笔。有的学习者写作文，通篇的句子都以指人的名词或代词做主语，写出的文章枯燥呆板，缺乏活力。

如表达“我想到了一个绝妙的主意”，很多人只会写“I thought of a smart idea”，殊不知，如果用指事的名词做主语，写成“A smart idea occurred to me”效果更好。学会句子如何开头，可以有效地避免表达的单调乏味，平铺直叙，增加句子形式上的变化和语言的感染力。

只要在阅读中多加留意，善于总结，就会发现英语句子开头的写作手段多种多样，不拘一格。句子的开端部分可以是形式代词、主语从句、介词短语、状语从句、非谓语动词、承上启下的连接词，不一而足。

这篇英文中句子开端有特色之处包括五个方面。

1. 形式代词开头

①It was a late 19th century religious movement that prompted spiritual health through adult education. 正是 19 世纪末的一场宗教运动通过成年教育促进了精神健康。

②It was the same thing with his brief acting career. 他短暂的演艺生涯情况也是如此。

2. 介词短语开头

Despite rumors, he wasn't related to steel magnate Andrew Carnegie. 尽管有传闻，他和钢铁巨头安德鲁·卡耐基并无亲缘关系。

3. 非谓语动词开头

① To test his public mettle, he then entered debate contests in school. 为了考验他面对公众的勇气，他参加了学校的辩论比赛。

② To persuade YMCA officials, he struck a deal to work on commission. 为了说服基督教青年会的官

员，他与他们达成协议，干活只拿佣金。

4. 时间状语开头

① Every night, he had to give the same performance to a new bunch of strangers-and make it convincing. 每天晚上，他都必须为一群素不相识的人表演同样的节目 / 并且要使演出具有说服力。

② Night after night, he simply made his students talk. 一个晚上接一个晚上，他只是让学生们说个不停。

5. 状语从句开头

① If ever there were a sad sack who needed the keep your chin up advice of Dale Carnegie (1888-1955), it was Dale Carnegie. 如果曾经有人一事无成，需要戴尔·卡耐基的鼓励和忠告，那个人就是当初的戴尔·卡耐基。

② Until he published How to Win Friends and Influence People in 1936, the founding guru of the self-help movement had failed at almost everything he' d ever tried, professionally and personally. 直到 1936 年出版《如何赢得朋友和影响他人》，这位自

助运动的先驱几乎做什么都一败涂地，无论是做人还是做事。

第八遍阅读：透析句子之间联系，学会运用衔接手段。英语句子之间除了内在的逻辑联系之外，还十分注重外在形式上的各种衔接，因为英语不同于汉语，它是一种形合的语言。概括起来，句子之间的衔接手段有三大类：代词衔接，即使用代词作为衔接手段；时间衔接，即使用表示时间的词语作为衔接手段；逻辑关系词语衔接，即使用表示因果、转折、递近、类似等关系的连接词语作为衔接手段。

现将例文中句子的衔接手段总结如下：

1. 代词衔接

① He sold everything from correspondence courses to hog lard. It was hard work. 他什么都推销过，从函授课程到猪油，这工作很不容易。

② He lost the second time, too, and several other attempts after that. 第二次他又失败了，此后的几次尝试还是失败。

2. 时间衔接

① He studied the subject for years and later compiled his observations into his classic book about speaking and interacting with people. 这个问题他研究了多年，后来把自己的观察结果写成了他那本关于演讲和与人交往的经典著作。

② To persuade YMCA officials, he struck a deal to work on commission. Soon he was pulling in $30 a night. 为了说服基督教青年会的官员，他与他们达成协议，干活只拿佣金。很快他就能赚到一晚 30 美元。

3. 逻辑关系词语衔接

① Once he was even suicidal. But his failures made him fascinated with successful people. 他甚至一度想过轻生。但是失败让他对成功人士产生了强烈兴趣。

② It is the sick person who becomes interested in health. And in the same way, people who have a natural gift for diplomacy don't write books on How to Win Friends and Influence People. 只有疾病缠身的人才关注健康。同样地，天生善于为人处世的人

不会写《如何赢得朋友和影响他人》这样的书。

第九遍阅读：把握段落过渡手段，领会文章严谨布局。两个段落之间，往往有起承上启下、起承转合作用的词语，使上下段落的过渡自然流畅，也使上下文衔接紧密。有些英语学习者虽有段落过渡意识，但缺乏语言手段，比如只会套用 firstly, secondly, thirdly 或者 in the first place, in the second place, in the final analysis 这样的固定模式，使文章结构显得生硬刻板。

最好的方式是在阅读中注意积累，在写作中刻意模仿。与句子之间的衔接手段类似，段落之间的过渡手段主要包括代词过渡、时间词语过渡和逻辑关系词语过渡，此外，还有其他一些手段，如定冠词过渡、形容词过渡等。

1. 代词过渡

① That wasn't easy for him, either. 那件事对他来说也不容易。(That 指代上段情况。)

② That can't be done if the person trying to do the convincing doesn't believe what he's saying. 如果劝说别人的人连自己的话都不相信，你是无法打动人的。（That 指代上段的“he had to make his audience interested in what he had to say”）

2. 时间词语过渡

① At least 15 million copies of the book have been sold since then, ... 从那以后，他的书至少卖了 1,500 万册，……（Then 指上段末尾处的 1937 年。）

② Eventually, he got a job at the YMCA teaching the one thing he knew he could do: public speaking. 最终，他在基督教青年会得到一份工作，讲授他知道他唯一能做的一件事：公众演说。

3. 逻辑关系词语过渡

① Yet an estimated 50 million copies of his books have been sold in dozens of languages. 可是，据说他的书卖了 5,000 万册左右，而且有十几种语言的版本。

② So he looked to those he most admired. 因此他就指望他最崇拜的那些人。

③ But he kept trying, and after several

attempts, he won. 然而他一直尝试着，几次之后他终于成功了。

4. 形容词过渡

It was the same thing with his brief acting career. 他的短暂的演员生涯结局同样如此。

第十遍阅读：撷取语言精华，摘录文字亮点。提高英语写作能力不是闭门造车，而是有赖于“三善”原则，即善于积累，善于模仿，善于借鉴。文章中的精彩表达不能让其成为过眼烟云，应努力据为己有，为我所用。文字亮点包括两个层面：其一，语言表达的铿锵字句、文采飞扬之处；其二，思想哲理的意味深长、耐人寻味之笔。

本文中的亮点不乏其例，从中我们既可以领悟到语言的强大魅力，也能够感受到思想内涵的无穷启迪。

语言表达层面

① If ever there were a sad sack who needed

the keep-your-chin-up advice of Dale Carnegie, it was Dale Carnegie. 如果曾经有人一事无成，需要戴尔·卡耐基的鼓励和忠告，那个人就是当初的戴尔·卡耐基。

② His failures often left him depressed. 他屡遭失败，经常令他抑郁消沉。

③ Yet an estimated 50 million copies of his books have been sold in dozens of languages. 可是，据说他的书卖了 5000 万册，而且有十几种语言的版本。

④ Those who could interact well succeeded more often than not, he noted. 他注意到，善于交际的人往往会取得成功。

⑤ Every night, he had to give the same performance to a new bunch of strangers-and make it convincing. 每天晚上，他都必须为一群素不相识的人表演同样的节目——并且使演出具有说服力。

思想哲理层面

① I realize now that healthy people don't write books on health. It is the sick person who becomes interested in health. And in the same way, people who have a natural gift for diplomacy don't write books on *How to Win Friends and Influence People*. The reason I wrote the book was because I have blundered so often myself, that I began to study the subject for the good of my soul. 现在我认识到，身体健康的人不会写有关健康的书，只有疾病缠身的人才关注健康。同样地，天生善于为人处世的人不会写《如何赢得朋友和影响他人》这样的书。我之所以写这本书是因为我自己曾经饱受挫折，我开始研究这个课题是为了抚慰自己的心灵。

② Carnegie's experience taught him that the only way to overcome fears was to confront them and not be discouraged by initial failures. 卡耐基的经历告诉他，克服恐惧的唯一方式是勇敢地

面对恐惧，不要因为最初的失败而气馁。

③ Self-confidence, he reasoned, was the key not just in these pursuits but also in everything else. 他认为，自信不仅是这些事情，而且是所有其他事情的关键所在。

④ The way to develop self-confidence, he said, is to do the thing you fear to do and get a record of successful experiences behind you. 他说，培养自信的方式就是去做你不敢做的事情，然后积累成功经验。

书读十遍，层层挖掘，步步领悟，化消极被动为积极主动，变困苦迷惘为融会贯通，尽情领略英语阅读的趣味与魅力，充分品尝读有所获的甘甜和欣喜。英语学习的终极目标是学有所用。通过阅读这一有效途径，达到英语地道表达的理想境界，这就是英语十遍阅读法的精神。

在十遍阅读法之外，还应自建阅读词汇库，将每篇文章中陌生单词与词组汇集其中，附以注解释义，一段时间（如一个月）后翻看浏览，及时回顾复习。这种亲力亲为的做法其效果是单纯背诵词汇手册无可比拟的。这是一种扎实稳妥、行之有效的学习方法。现将例文中高中以上水平的词汇列出，作为示范。

influence vt. 影响

professionally ad. 在职业方面

salesmanship n. 销售，推销术；销售能力

flop vi. 彻底失败

savings n. 存款

crash n. 暴跌；破产

depressed a. 沮丧的，消沉的

fascinated a. 着迷的

constantly ad. 不断地

compile vt. 编纂

classic a. 经典的

intensely ad. 极度地

estimate vt. 估计

rely vi. 依赖

diplomacy n. 外交

purchase vt. 购买

rumor n. 传闻

magnate n. 巨头

poverty n. 贫困

shabby a. 破旧的

tip vt. 轻触

encounter vt. 偶然遇到

prompt vt. 促进，推动

adult a. 成年人的

enthrall vt. 迷住，吸引住

mettle n. 才能；勇气

contest n. 竞赛，比赛

confront vt. 勇敢地面对

initial a. 开始的，最初的

hog n. 猪

convince vt. 使信服，说服

brief a. 短暂的

bunch n. 群，伙

audience n. 观众；听众；读者

hesitant a. 不愿的，迟疑不决的

essence n. 本质，实质

introduction n. 序言

anecdote n. 轶事，趣闻

volume n. 卷，册

guru a. 领袖；导师

career n. 职业

journalism n. 新闻工作

divorce n. 离婚

stock n. 股票

failure n. 失败

suicidal a. 想自杀的

self-confidence n. 自信

reinforce vt. 加强

observation n. 观察

interact vi. 交往

overcome vt. 克服

thrive vi. 兴旺，繁荣

quotation n. 引文

blunder vi. 犯大错误

rural a. 农村的

related a. 有亲缘关系的

grinding a. 难以忍受的

painfully ad. 令人不快地

down-home a. 土里土气的

bestseller n. 畅销书

religious a. 宗教的

spiritual a. 精神的

lecturer n. 讲演者

livestock n. 家畜，牲畜

debate n. 辩论

confidence n. 信心

discourage vt. 使灰心，使泄气

correspondence n. 通信，通信联系

lard n. 猪油

stuff n. 东西，物品

performance n. 表演

convincing a. 令人信服的，有说服力的

pursuit n. 职业，事务

commission n. 佣金

original a. 起初的

evolve vi. 发展，逐步形成

aphorism n. 格言，警句

词组部分

sad sack 不中用的人

keep one s chin up 不气馁，不灰心

look to 指望，依靠

for fear 生怕，以免

hold forth（当众）滔滔不绝地讲

pull in 获得（利益、报酬等）

结　语

给你讲一个真实的故事

曾经，有一个少年，以全县英语“状元”的好成绩，拿到了一所全国重点本科——湘潭大学的录取通知书，成为一名少年大学生，那年他 15 岁。那是 1979 年的中国南方，学校还矗立在一片黄土高坡上，就是在这里，少年开始了他梦想征程之旅。四年后，他以优秀毕业生的身份留校任教，站上了大学的讲台，那年他 19 岁。

后来，因为对英语和教育的热爱，他决定报考上海师范大学研究生。备考的夏天，寂静的校园里，陪伴他的只有一把蒲扇、一桶水，以及成群的蚊蝇。马克思说：青春的光辉，理想的钥匙，生命的意义，乃至人类的生存、发展……全包含在这两个字之中——奋斗！在那个考研改变命运的时代，他成功了！仰望星空，脚踏实地，那年他 21 岁。

生命的绚烂与精彩在这所学校里被重新打开，跌宕起伏的人生旅程也似乎才刚刚开始。而一转眼，却已 30 年过去。曾经的梦想青年如今已成为包括上海师范大学在内的多所高校的兼职教授，并创立了新航道国际教育集团，在全球拥有 40 余家学校和分支机构，已助力并正在助力无数的孩子和家庭实现他们的梦想。

年少当有鸿鹄志，敏而好学勇担当，他，就是胡敏，也就是我！而今，我受上海师范大学邀请重新回到母校，参加纪念改革开放四十周年和 2018 毕业季《成长有约》“家国情，师大梦”专题活动，与汪天云、洪耀伟、傅欣、张庆庆等 20 世纪 50、60、70、80、90 年代校友代表同台，以学长的身份，向学校递交了一份人生的核心总结书，只想告诉所有的学弟学妹们一个道理，即：你的格局，就是你的未来！

你的格局，就是你的未来

今天我希望你从我这里带走一句话。这句话改变了 30 年前的我，它正在改变着中国英语学习者的努力方向，也一定会影响到你的未来，这句话就是“你的格局，就是你的未来”。

1985 年到 1988 年，我在上海师范大学求学期间最喜欢的一门课是英文高级写作。第一堂课，老师对全班十名同学进行摸底测试，写一篇 500 个单词左右的议论文。第二堂课卷子发下来，我拿到了学习历史上唯一的 F（不及格），奇怪的是卷子上竟然没有任何红笔改动的地方，但老师没有对此做任何解释，只是宣布开始正式上课。之后整个学期，我们班唯一的功课就是写好一篇只有 500 个单词左右的议论文。

开头段落要交代主题背景，明确提出自己的观点，段落最后一句话一定要浓缩三个主体段落的分支论点；后面三个主体段落分别由分支论点和论据组成；最后结尾段要重申整个文章的分支观点，并进一步升华主题。学期结束时我重读第一次作业，突然明白为什么只得了 F，因为文章缺乏在格局上的思考。写作最讲究的是谋篇布局，刚刚入学时，我只是停留在遣词造句的层面上。真正要写好一篇文章，主题是脊柱，论点是肋骨，论据是血肉，从格局角度把主题确定下来，后面的一切才能有支撑，文章才能写好。否则只是词句的堆砌，没有生命力，更谈不上吸引人。从那以后我再写任何文章，都会自动先从格局角度进行思考，这种思考不但改变了我的写作方式，更改变了我的思维方式、生活方式，改变了我的人生轨迹。可以说，格局造就了我的现在，并将一直影响我的未来。

后来，我从事英语教育 30 余年，纵观英语教育的格局，将其分为三种：第一种格局是从应试角度看，第二种格局是从能力角度看，第三种格局是从全球胜任力角度看。

第一种格局意味着英语试卷就是你的整个世界，分数第一，刷题刷题刷题，刷分刷分刷分，最终沦为哑巴英语。

第二种格局是以英语能力为导向，高能所以高分。最开始高能高分这个理念被提出来时，大家很急功近利，不理解、不接受。值得庆幸的是，最近这些年来，大家在日益频繁的国际交流、学习和工作中碰到不少钉子之后，都深深地认识到了英语能力的重要性，即学以致用。

第三种格局，随着经济全球化、文化多元化、社会信息化，教育必须为学生走向世界做好准备，培养出来的人才必须具备全球胜任力。

全球胜任力包括四个方面的能力：对地区、全球和跨文化议题的分析能力，对他人的看法和价值观理解并欣赏的能力，与不同文化背景的人进行开放、得体和有效的互动的能力，以及为集体福祉与可持续发展采取行动的能力。在这个格局层面上，英语能力不再是一种奢侈品，而是一种必需品，你要用英语去了解世界，用英语去闯世界，用英语去创世界。

现在是一个所有人都被全球化的时代，不管你是否情愿，这是时代的趋势。你唯一正确的选择就是顺应历史发展，参与到人类命运共同体的建设进程中去，参与到全球的竞争与合作中去，并在其中培养全球胜任力。三种不同的格局决定了英语学习者不同的未来。

你一定要开门走出去，无论你决定继续深造，还是开始工作，终归有一天，一定会进入职场。

做一线员工时不要眼高手低、东张西望，努力做好本职工作。但你如果只停留在做好本职工作的纵向层面，格局就小了，你不能只管自己，你还要关注部门内部，横向建立起与同事之间的协作关系，这样才能提高工作效率，这样才是一个好的开局。

但是如果你能走到部门主管的职位，一定是因为你还注意到了各个部门间的互动和支持，一定是因为你在像一个部门主管一样思考，把自己的格局上升到了普通员工之上。

那么，比部门主管更大的管理空间和格局又是什么呢？就是看到了整个企业，对它有全面了解和认知，并在现在的位置上贡献出智慧和力量。

如果你还想成为行业的领跑者，就必须要具备放眼整个行业和其他关联行业的格局。而当你真正处在行业顶端，你的格局就应该是放眼全球，像华为一样，成为全球化的企业。

“不谋万世者，不足谋一时；不谋全局者，不足谋一域。”在人生当中具备比你现在位置更高一点的格局，一定会带来更美好一些的未来。

每个人都有自己的梦想，但不一定每个人都有格局，格局是保证你的梦想方向正确、路线清晰、切实可行的孵化器。有格局，梦想才能够成就未来。也就是说，“你的格局，就是你的未来！”

附　录

《剑桥人生胜任力框架》译介

全球化 3.0 时代，如何与不同文化背景的人进行开放、得体、有效的互动，正在成为越来越多青少年面临的挑战。培养具有全球胜任力的青少年的议题应运而生。

如何培养青少年的全球胜任力？全球教育工作者们围绕这个问题开展了广泛的研究与实践。其中，剑桥大学出版社为教师和青少年提供了一种思路——《剑桥人生胜任力框架》(*The Cambridge Framework for Life Competencies*，以下简称

"剑桥框架")。本文将对剑桥框架的三大维度、六大核心素养和三大支撑体系进行介绍。

一、剑桥框架下的三大维度

剑桥框架主要围绕三大维度来设计:

(1)广度——全面了解一个系统内的可迁移技能;

(2)发展——如何在各个学习阶段发展技能;

(3)深度——实用且详尽地指导教学和评估。

在此基础之上,剑桥框架总结了六大核心素养与三大支撑体系。六大核心素养分别是创造性思维、批判性思维、学会学习、沟通能力、合作能力和社会责任,三大支撑体系分别是情绪发展、数字素养和学科知识。

剑桥人生胜任力框架					
创造性思维	批判性思维	学会学习	沟通能力	合作能力	社会责任
情绪发展					
数字素养					
学科知识					

六大核心素养和三大支撑体系展现了剑桥框架在三大维度上所做的思考和研究，既包括学生在全球化时代应具备的核心技能，同时也针对不同学习阶段，提出了相应指标体系，以指导教师的教学和评估。

二、剑桥框架之六大核心素养

成为具有全球胜任力的人才，意味着未来一代能够运用他们的知识与素养，欣赏和理解他人的观点，与之进行开放、得体、有效的互动，并在此过程中学会学习，成为终生学习者，同时承担相应的社会责任，为全球可持续发展而采取行动。基于这一培养目标，剑桥框架提出学生所应当具备的六大核心素养。

创造性思维

创造力是一个复杂的概念，往往被定义为一种倾向或能力。这种倾向或能力可以迅速且精巧地产生多个原创且创新的想法、替代方案或可能性。除了他们的创造者，这些想法、替代方案或可能性也

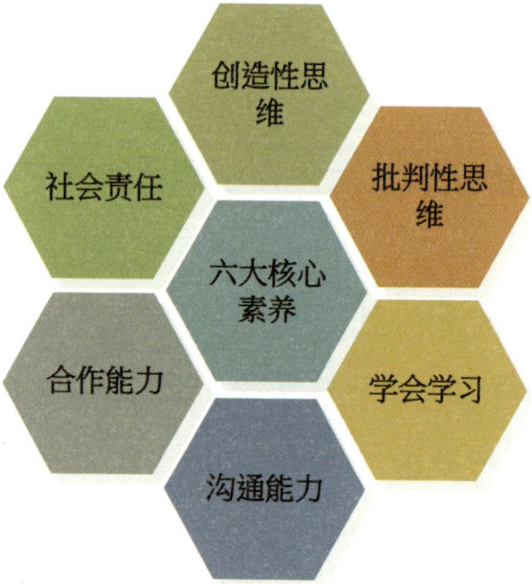

剑桥框架提出学生所应当具备的六大核心素养：创造性思维、批判性思维、学会学习、沟通能力、合作能力以及社会责任

普遍被人们认为是非常有价值有意义的。创造力的特征包括发散性思维、想象力、认知灵活性、对不确定性或模糊事物的承受力、内在动机以及对未知事物的好奇。由此，剑桥框架提出创造性思维的三个关键能力：

参与创造性活动所必需的技能包括发散性思维、想象力、认知灵活性、对不确定性或模糊事物的承受力；这些技能有时可以通过创造性活动中的人际互动来提高。

从自己的想法或其他资源中创造新的内容需要发散性思维，也称为右脑思维。这包括为做某事提供许多新选项（灵活性），提供尽可能多的细节（阐释），快速产生想法（流畅性），以及提出大多数人没有想到的想法（独创性）。

通过使用新创建的内容来解决问题和做出决定，学习者可以反思他们新想法的效用，以及如何利用它们来达到目的。

批判性思维

批判性思维是一种高阶思维能力。学习者运用批判性思维能够有效并理性地思考想做什么，以及什么是最好的做法。它包括理解和分析想法之间的联系，分析观点与评估论点，找到支持论据，进行推理和结论。由此，剑桥框架提出批判性思维的三项关键能力：

理解和分析想法之间的联系是指学习者通过识别模式组织不同来源信息的能力。通过比较和对比分析信息，增强对内容的理解，这种理解加上全面的信息收集，有助于进行批判性的评估。

评估观点和论据与学习者判断哪些观点、论据值得依赖，哪些值得怀疑的能力有关，这有助于学习者识别并优先考虑他们在教育或工作中面临的问题，并考虑解决这些问题的方法。当面对一个以上的问题时，学习者能够看到问题之间的联系，并找出真正的原因。掌握这种能力有助于建立一个分析框架，运用有力的论据，提出自己的观点。

综合想法和信息是一个持续的过程，它要求学习者根据他人的想法构建自己思想的不同方面，包括帮助学习者产生新的想法的创造性思维。

学会学习

人们在工作中需要知道的知识和能够做的事情正在加速变化，必须在整个职业生涯中不断学习新的技能和知识。教育的目的既要注重学习的成果，也要注重学习的技能，剑桥框架由此提出学会学习的三项关键能力：

参与学习的实用技能，从学前阶段就开始发展。在这个阶段，学习者发展手眼协调能力，并学习使用基本的工具，如剪刀、铅笔和数字设备。然后，他们学会识别并创建读写能力所需的基本符号（字母和数字），扩大词汇量，发展语言技能（阅读、写作、听力、口语）。这些技能随着学习阶段的不断进步和进入职场，变得越来越复杂。一项重要的技能是做笔记、存储和检索信息。记笔记有各种技巧，学习者需要不断尝试，并从中选择最适合自己个人风格、需求和资源的技巧。

管理自己的学习，意味着要变得自律、自主，维持动机，并专注于手头的任务，以取得最好的成果。要实现这一目标，学习者需要明确自己的学习目标。

反思和评估自己的学习成果，包括学习者要反思自己的学习，以评估什么对他们有用，什么对他们没有用。这种反思可以指导评估，而评估反过来又可以为是否坚持某些行动方案或做出改变提供信息。最后，学习者能够识别和使用有效的学习技巧和策略，以达到学习的目的。选择的策略将取决于背景、学习目标和学习者的个人特征，因为策略有效性会随着这些因素而变化。

沟通能力

沟通是一种必不可少的职业和生活技能，使我们能够分享信息和想法，表达感受和不同意见。在沟通过程中，诸如非言语行为、对事件进行解释和赋予意义的个人风格等因素都对其具有重大影响。进行有效沟通是一项可以发展和磨练的技能。它不同于掌握一门语言的核心语言特征的技能。由此，剑桥框架提出沟通的三个关键能力：

使用合适的符合语境的语言是指学习者了解到有正式和非正式的语境或情景，知道如何改变语言、表达和使自己的交际风格适应所处语境。学习者可以通过运用各种语言和修辞手段从而使自己在论述中更具说服力，引人注目，有所强调及散发幽默感。

会话管理是学习者通过了解如何恰当地发起、维持和结束会话，从而有效且高效地与他人交谈的能力。这包括轮流发言、打断谈话、让谈话继续以及在他们缺乏关键信息时克服自我语言障碍的技能。学习者意识到这些沟通策略可以帮助自己与同伴传达信息，这将确保学习者通过清晰的交流，邀请他人参与分享谈话，提出问题以核对理解，给予足够的反馈，从而成功地交流。

自信并清晰地参与沟通是指学习者以适当的流利度、自信和语速进行有效沟通的能力。这可能包括使用适当的音调与结构变化、面部表情与眼神接触，以及使内容结构化的能力；富有逻辑地组织文本和演讲的能力。

合作能力

合作能力通常被描述为21世纪教育的关键技能。与个人解决问题的能力相比，合作的优势包括有效的分工，使用来自多种渠道、视角和经验的信息，更高水平的创造和解决问题的质量。当人们参与言语互动时，不只是简单地分享信息，而是通过集体思考相互支持。比起独自工作，合作互动方式使参与者收获更多。由此，剑桥框架提出合作的四项关键能力：

承担自己对小组任务贡献的个人责任，是指学习者积极参与小组活动，与他人自由分享自己的想法，并愿意在必要时为自己在小组中所做的工作提供解释的能力。

以尊重的态度倾听并对他人的贡献做出建设性的回应，包括学习者能够认真倾听他人的意见，以及具有认可他人观点的能力，即使这些观点与自己的相冲突。因此，学习者需要在小组任务中适当地轮流提供建设性的反馈，以及提出自己的解决方案和想法。

项目任务共享管理，是指学习者在小组活动中识别任务和子任务，并将之公平共享的能力。

努力实现解决方案，与学习者为任务做出贡献的能力有关，这种能力最终会促进任务的解决。这种能力可能包括在小组活动期间评估多个解决方案和观点，以及确认最优方案的能力。

社会责任

这个快速变化和充满多元文化的世界，为年轻人提供了跨越时间与空间与他人互动及获取信息的机会。然而，它也带来了其他时代的人从未遇到过的巨大挑战，气候变化、战争与冲突、难民、贫困、性别和社会不平等已成为对许多国家和社区产生影响的全球性问题。因此，这要求在青少年教育方面采取全球行动以及一种新的实践与话语。社会责任是指作为特定国家或地区的公民以及更广泛的全球个体所享有的权利与义务，包括以下四项关键能力：

理解个人和社会责任作为群体和社会的一部分，是指从地方到全球，识别和理解个人和社会责任在不同层面的重要性。这包括学习者始终如一地履行个人和自己作为社会群体和（或）全球公民的责任，并对自己的行为负责。

通过制定和有效沟通战略与计划，主动在团队或当地环境中执行任务或解决问题，发挥包括领导力在内的积极作用。

通过描述和分析自身文化与他人文化的特点，理解和描述自己与他人的文化，并以积极和尊重的方式进行比较。

通过识别、讨论和理解，在环境、政治、经济及社会层面对于全球问题的一系列观点，理解和讨论全球问题，尝试理解自己的行为如何积极或消极地影响已确认的全球问题。

三、剑桥框架之三大支撑体系

剑桥框架中的三大支撑体系，包括情绪发展、学科知识和数字素养。

情绪发展是人一生成功的重要基础，影响我们的学习和在工作或教育中有效执行任务的能力。它与其他能力领域的不同之处在于，在大多数情况下，支持和评价情绪发展的方法不那么外显或以教师为主导。通常，推荐的方法是通过围绕其他学习目标创建活动，来支持情绪发展，这些活动也为学习者提供了发展情绪技能的机会。

一种观点认为，情绪发展对学业和社会性成功的影响大于认知能力的影响，情感技能巩固和支持学习

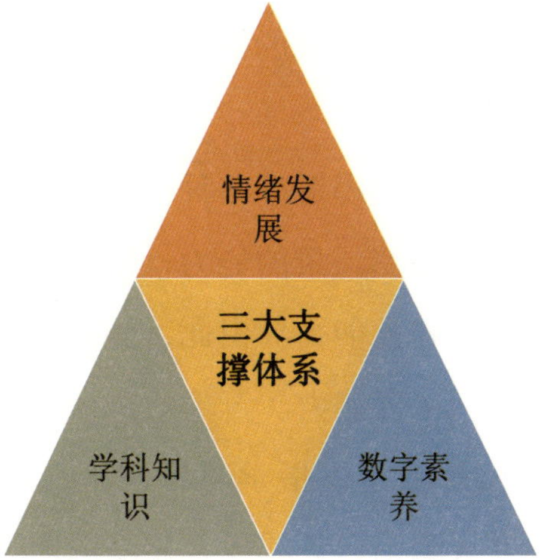

剑桥框架中的三大支撑体系：情绪发展、学科知识和数字素养

者的社会与认知发展。

情绪发展包括一系列在社会和教育背景下随着时间推移而发展起来的能力。这些能力被用于理解与管理自己的情绪，理解他人的情绪，并形成有意义的人际关系。

情绪能力包括获得关于各种情绪的知识，发展将这些知识应用于情绪场景的能力，以及自己在人际交往中采取应对策略的能力。由此，剑桥框架提出情绪发展领域的三种主要能力。

识别和理解情绪是指学习者在不同情境和语境中，意识到并表达出自我或他人感受的能力。这可以通过对自己的优势和不足进行反思及自我评价，思考情绪并用言语表达，确定并描述其信仰、价值及行动来实现。

管理自己的情绪是指一旦确定了自己的情绪，就能够利用这些情绪，在情绪状态下运用应对机制，以便将负面情绪降至最低，增强积极情绪。学习者要能够通过自我调节策略，来适应厌恶或痛苦的情绪，使情绪恢复。

同理心与人际关系技能涉及学习者基于表达与情

境线索别他人情绪的能力。学习者通过表现出移情与同情的能力，参与他人的情感体验。这些技能包括关心他人、理解他人的观点，并将这种理解用于分享情绪反应以及相关行动，从而建立和维护人际关系，参与社会互动，并以尊重和关心的态度处理冲突等人际问题。

除了情绪发展之外，支撑体系还包括学科知识和数字素养。其中，学科知识是基础中的基础，是硬能力。同时，在这个数字信息化时代，具备获取、评价、整合和交流信息的数字素养，也是至关重要的。拥有数字素养要求学生要学会安全使用数字及在线工具，遵循网络礼仪，得体地对待他人。

总体而言，剑桥框架为教育者提供了一种培养全球胜任力的思路和教学参考。比如，教师在设计课程时都需要考虑每堂课的教学内容，但学生所需的所有素养不可能在一堂课的教学内全部实现。因此，教师需要确定所教内容的优先级，这个框架意在快速帮助教师为不同的素养找到与之匹配的教学情境。当教师在设计教材时，这个框架可以提供一些教学活动和任务的案例。此外，教师还可以依照该框架去检视学生在不同学习阶段是否达到了各个核心素养的标准和要求，从而改进教学评估。最后，当教师意识到六大核心素养对自身发展同样很重要时，这个框架就可以进一步帮助他们，明确哪些核心素养是最为关键的。

参考文献

[1] 丹尼尔·戈尔曼．情商：为什么情商比智商更重要［M］．北京：中信出版社，2018.

[2] 法广．安德烈亚·施莱歇尔：PISA 测试不只是一个简单的“知识考试”［EB/OL］．2016.

[3] 彭正梅，郑太年，邓志伟．培养具有全球竞争力的中国人：基础教育人才培养模式的国际比较［J］．全球教育展望，2016，45（8）．

[4] 熊万曦．PISA 2018 全球素养的内涵及实践意义［J］．教师教育研究，2017（05）．

[5] 徐星，官芹芳，安德烈亚斯·施莱歇尔．为全球性与跨文化性的未来做准备［J］．上海教育，

2016（29）.

［6］徐星，官芹芳，安东尼·杰克逊．教师急需提升全球胜任力教学技能［J］．上海教育，2016（29）.

［7］滕珺，张婷婷，胡佳怡．培养学生的“全球胜任力”——美国国际教育的政策变迁与理念转化［J］．教育研究，2018（1）.

［8］滕珺，杜晓燕．经合组织《PISA 全球胜任力框架》述评［J］．外国教育研究，2018，45（12）.

［9］张沿沿，赵丽，张舒予．美国“全球胜任力”教师教育课程体系及其启示［J］．比较教育研究，2017（10）.

［10］钟周，张传杰．立足本地、参与全球：全球胜任力美国国家教育战略探析［J］．清华大学教育研究，2018，39（02）.

［11］周小勇．全球化时代呼唤全球素养教育［J］.全球教育展望，2017(09).

［12］Cambridge University Press. The Cambridge Framework for Life Competencies［EB/OL］.

［13］OECD. Handbook-PISA-2018- Global-

Competence [EB/OL] . 2017.

[14] OECD. The future of education and skills: Education 2030 [EB/OL] . 2018.

[15] OECD. Teaching for global competence in a rapidly changing world [EB/OL] . 2018.

[16] Veronica Boxi Mansilla, Anthony Jackson. Educating for Global Competence: Preparing Our Youth to Engage the World [M]. New York: Asia Society, 2011.